U0069359

發 揮 自 我 無 限 的 內 在 力 量

我是誰?

魏鼎 ——著

宋偉祥 ——譯

目錄

一點誠意

大師，希望您不會對本書封面的書名太過執著；會嗎？

沒有？那就好，請別當真。本書書名只是要引起您的注意；並讓您對於閱讀本書產生興趣的一種廣告手法。

另一方面，本書內容涵蓋了某些智慧卓絕的大師們曾經帶給人類的基本教導。不管這些大師只是傳說中的角色，還是真正的人物，在世人的口耳相傳之下，其中某些大師的名號與教法已在世間普傳，並備受景仰。有趣的是，大師們所講述的其實都是同樣的根本問題。換句話說，那些大師們教導的都是可以幫助我們瞭解「生命」與有意識管理「生命」的重要基礎資訊。

這些大師們在不同的時空背景之中出現。在教學過程中，他們使用了不同的名相與解釋來說明同樣的事物。這就是為何會有那麼多人對於古老教義有所誤解，甚至可能會與其他研究者或讀者發生爭執的原因。為了避免誤解，同時也為了避免需要在書中解釋某些古老基本教義，我將迴避使用那些大師們的慣用語。在可能的地方，我會以一般人可以理解的語言或是提供帶有定義的新詞彙來解釋說明。

讓我在一開始就先把話講清楚，就當我是在請求你、命令你、警告你、嚇唬你、規勸你……不論如何，在此我聲明如下：

請各位千萬不要相信本書的說法！我在此複述並強調：千萬不要相信我的說法！如果相信了，你可能會走錯路，迷失方向，你會因此受苦，所以我真的不希望你相信我。

我希望你可以自我進行邏輯思考與研究、沉思並體驗資訊，這樣你就可以建立起自我的知識體系。

為什麼我希望你讀我的書？嗯，因為我希望你能：

——不再被別人的想法牽著走，而能完全地自我思考；

——信任並利用自我無限的「內在力量」；

——擺脫有害的信念；

——結束自我的無意識和自我奴役；

——有意識地教育自己；

——隨順自然而活。

我想你還沒有完全理解我的意思，現在還沒關係。

想要將你的意識從「被奴役的、無意識的羊隻」轉變為「開悟的大師級『生命』創造者」，其實需要一定程度的時間和努力。

是的，我真心承認，你可能會感受到我在本書中使用了某些

直率甚至具有冒犯性的說法。為什麼我要這樣做呢？

我的用意從來都不是為了無禮，也不是為了開罪任何人。我只想讓你聽見我的聲音，好好地關注甚至思索那些在生活中讓你感到痛苦的某些議題。請不要不開心，也不要覺得被冒犯，請不要誤解我。請原諒我某些帶有情緒的說法，好嗎？

我為什麼要和你分享這些可以幫你實現上述目標的資訊呢？事實上，本書的許多內容在公共教學平台上是禁止傳授的。這些資訊只適合精英人士，而不是奴隸或羊隻。但我覺得將這些資訊公諸於眾，會更有益於世人。

在此我只會教授某些基礎知識。如果在閱讀與深思過本書所有內容之後，你決定要進一步的瞭解，想要真正成為完全開悟的創造者的話，那麼……長話短說……你需要和我進入大自然中一起修練，甚至要做一些不尋常的、瘋狂的或危險的練習。通常我們會在我的進階教學工作坊中找個自然環境來進行這些練習。

我是誰？

好的，你可以隨心所欲的定義我。你可以根據對我的印象與判斷，為我貼上任何標籤。請注意，無論你給我貼上什麼標籤，

那肯定不是我。真的，我並不太在乎別人給我貼上什麼標籤。有件事對我而言是清楚肯定的，我並不是人們認為的我是誰，也不是他們期望中的我是誰。

我是什麼？我做些什麼？

我只不過是個簡單而正常的人，沒有什麼特別。也因此，我的外表、行為與感覺都與一般正常的地球居民無異。我選擇成為一般人，所以我可以在地球上體會人類的經驗。

我一直在研究「生命」，包括科學、宗教、哲學、信仰、人類和自然。我一直在體驗自己，將自己的身體和心理視為實驗工具，這讓我時時刻刻都處於痛苦與享受中，也讓我能夠更深入地觀察生活。在建構自我知識的同時，我也與他人分享。我教書；分享我的知識資訊；談論我的信念；指導他人進行練習。

我為什麼要做這些事情，包括撰寫本書？

嗯，我覺得要透過書寫或交談來完整回答這個問題是不可能的。如果你真想瞭解我的想法，你需要用心靈感應來和我交流。套句腦袋可以理解的說法，我會說：我就是這樣玩著這場名為「生

「命」的遊戲。

在這場遊戲中，我（身體和心智）代表著一個與人們分享生命基本知識的某個人類角色，這樣一來，人們就可以更容易實現前面所提到的目標。我喜歡在「生命」這場遊戲中玩得越久越好，同時創造出新的遊戲。我也喜歡看到人們的成長，有意識地發展自我，經驗意識的擴充，因為我「愛」人們。

警告

如果你是任何宗教、信仰、哲學體系的認真實踐者或追隨者，或者你已追隨了某位大師，請三思而後行，重新考慮是否要繼續閱讀本書。再往後讀下去的話，你可能會出現深沉的受傷或憤怒感，甚至可能升起憎恨。你在任何一種信仰體系中若陷得越深，可能就越難理解本書，也可能因此引動越強烈的情緒。

我建議你到此為止。不要繼續讀下去，你可能還沒有準備好，請回到你的信仰之中，繼續走在你選擇的道路上。但，如果你不接受我的建議，決定要冒險，那麼無論接下來發生了什麼，都將是你自我決定的結果。套用個時下流行的說法，我會說：這是你自己的錯誤與問題，我不會感到抱歉。

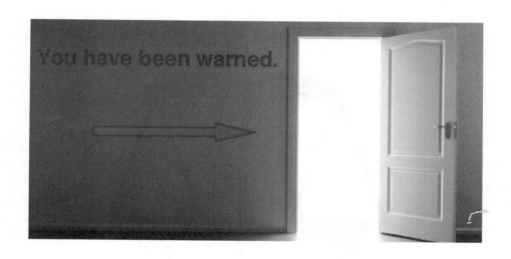

資訊、信念與知識

大多數人其實並不明白這三者之間彼此有著顯著的差異。幾乎所有人們都會自以為懂，但那並不是真懂，只是他們相信自己懂了。請容我細細道來。

資訊

資訊是指被你的感官——也就是五種肉身感官與靈性感官——所感知到的所有資訊。如果你沒有感官，你將無法接收任何訊息。

舉例如下：

· 你為何會感到熱、濕、風等等？是因為你身體的觸覺感官將信息傳遞給你的神經系統。

· 你可以聽見音樂、狗吠、雷鳴與人們的交談，因為你的聽覺感官將資訊傳遞給你的神經系統。

· 書籍會被書寫出來、影片會被拍攝出來、運動場會被建造出來，是因為人類具有可以接收視像資訊的雙眼，雙眼是我們的視覺溝通感官。

· 突然間，你覺得自己好像不一樣了，奇怪的是並沒有什麼可以讓你心情改變的明顯外界因素出現，這變化似乎源自於自我內心——這可能是由你的靈性感官傳送出來的信息所致。所謂心電感應；就是你的靈性感知系統在非物質世界中接收與傳輸資訊的作用。

你所有的感官都能接收資訊並將資訊傳遞到心智之中進行處理。但其中只有極少量的資訊會被你注意到；換句話說，你只會意識到少部分經由心智處理過的資訊，其餘的資訊都儲存在你的記憶庫之中；我們將其稱之為「無意識」或「潛意識」資訊。

通常，當人們提到「資訊」時，指的是自己的所見所聞，也

就是他們的眼睛、耳朵所感知到的信息。我並不想對於信息和感官進行過度深入的科學細節解釋，因此，從現在起，每當我寫下「資訊」一詞時，我指的通常就是我們所見所聞的資料。

信念

你所讀到的一切，不管出自何處，都只是資訊。它可能是網路上的某篇文章；可能是古老神聖書籍中的某一章節；可能是商店櫥窗上的一則告示等等——所有這些都只是資訊，而不是你的知識。

你在電視、網路、電影等媒體上的所見所聞，不管出自何處，都只是資訊。

當資訊來到你面前時，你可以相信或懷疑它。你可能知道，大眾媒體發佈的多數資訊其實並不正確。 歷史和科學書籍中也會出現不正確資訊，有時甚至是謊言。

當你注意到某個資訊時，你可以選擇——相信或懷疑它。當你認為這個資訊是真實的時候，你會相信；當你懷疑這個資訊不正確時，你會猜疑。

你會相信與懷疑的都是自己所不懂的事情，所以它們並不是

你的知識。被你讀過了的或看到了並不代表你知道了。讓我給你個例子。

想像你讀了一本備受認可與推崇的聖書。你讀到的只是資訊，而不是你的知識，因此，你不該說自己已經讀懂這本書。你可以說你相信或懷疑。

想像你正在觀看一部科學紀錄片，對你來說，影片的內容僅是資訊，而不是你的知識。同樣的，你可以說你相信影片中的內容，但你並不懂這內容，儘管你知道自己看到了些什麼。

這樣你可以瞭解嗎？

作者很有可能會根據自己的知識寫下作品的所有內容。換句話說，作者可能真的懂得這些資料，所以他們是根據自我知識而寫，而不是信念。

電影或許也一樣，電影導演會根據他們的知識，而不是根據他們的信念來拍片。

我在這裡要強調的是，資訊有可能是由具有知識的作者所發表出來的。然而根據我的研究結果，多數發表出來的資訊只是源自作者的信念，而不是基於他們的知識。人們會相信某些資訊內容，他們可能確信這是真的，所以他們會將這些資訊散佈出去。

請注意，無論出自何處，你所看到和閱讀到的內容都有不正確的可能。不管它的真假與否，這些資訊都不是你的知識，對你來說，它只是資訊。只要你不瞭解，你就只能說你相信或懷疑這個資訊。

換言之，你可以相信或懷疑某個資訊的真假性，因為你對它並不瞭解。

知識

當你對某些資訊開始感興趣時，可以試著去驗證看看。你對這種資訊的涉獵如果越深，就越能夠對它有更多瞭解。你所讀到或看到的並不是你的知識，只是資訊。但當你對此資訊進行研究、使用它；以各種感官來體驗它時，它就可以成為你的知識。知識是建立在自我經驗基礎上，然後儲存在記憶庫中的某種結構。

現在，讓我們來看看你是否瞭解我的說法，你要不要試著回答以下問題看看？

1. 你的朋友打電話給你，跟你說他正在辦公室中工作。

   你是否可以說你知道你的朋友在哪兒？他正在做些什麼？

2. 科普網站上有篇介紹某種異常天候的文章，並附上一張這

種天候的照片。讀過該文之後，你是否可以說自己知道這是什麼天象？

3. 生物研究中寫道，如果超過七天沒有水喝的話，人類將會死亡。你知道自己在不喝水狀態下可以活多久嗎？

4. 你的母親告訴你，她在某日生下了你。你是否知道是誰生了你？在什麼時候生下你的？

5. 你知道地球的形狀嗎？

6. 有本備受敬仰的所謂聖書，其中寫到受到世人推崇的某某某曾說過一句話：「ＸＸＸＸ　ＸＸＸＸ　ＸＸＸＸ」你知道某某某是否存在？以及他說的是什麼嗎？

在成千上萬的例子中，人們會說他們知道，但實際上他們並不知道，他們只是相信。上述所有問題的正確答案都是：「不，我不知道。」

如果你說你知道，那麼我問你──你如何知道自己知道？是因為有人告訴過你嗎？還是因為某本書曾經寫過？是的，這一切都不是你的知識，只是資訊。

感到震驚嗎？大多數人甚至於不知道自己是誰生的，何時何地生的。當然，當你問他們的時候，他們的回答是肯定的──是

自己的母親；但他們還是不能說自己知道，除非他們真的可以清楚地記得自己的出生情境。

知識是不能給予的。知識不可能被讀懂，也不可能被看懂。知識必須建立在自我經驗之上。當你得到資訊時，你需要看看它、聽聽它、聞聞它、摸摸它、嚐嚐它等等，也許要在不同環境中，歷經多次體驗。這樣才能建立起你的知識。然後你就可以說你知道了。這個過程可能在瞬間發生，也可能需要花上很長的時間。

知識會永遠存在你的記憶中，並且可以於日後再提取出來。你可以透過寫作、談話、繪畫或其他方式來分享從記憶庫中取出的知識。你分享的是自己的知識，但對其他人來說，這只是資訊。你無法將自己的知識送給他們。

還有件重要的事情——知識是相對的。對於同樣的事情，不同的人可以出現不同的認知。比方說；想像你和兩個朋友坐在一個小房間裡，根據自我的認知，你說：「這裡很溫暖」。就你而言這是真的，你真的感受到溫暖，這是你自己的明確經驗。

而你的朋友則說：「這裡很冷」。那是真的，他知道自己的感受，所以他說的是他的所知。

第三個朋友則說：「這裡剛剛好，非常舒適」。他的身體自

有體會，他知道自己在說些什麼。

你看，這三人各自根據自己的認知說話，他們對於室溫如何影響身體感受各有不同的說法。

記住，知識是相對的。儘管每個人說的都是真話，但你在某種議題上的認知與他人的認知並不會完全相同。基於同樣與其他的原因，真理是相對的，你自己就是自我知識和真理的泉源。

我希望現在你可以更理解為何我會堅持不讓你相信本書內容，我真的不希望你相信我。儘管我會在本書中談論我的知識，但我的知識不是你的，我的真理也不是你的。 我與你分享我的知識和信念，我很高興你關注它，但，為了求知，你需要研究和體驗，以建立自我知識。

> 相信或懷疑＝缺乏瞭解
>
> 我相信＝我並不理解但我認為它應該是真的
>
> 我懷疑＝我並不理解但我認為它應該是假的
>
> 你應該相信＝你應該不知道

當人們要你相信的時候，也許他們並不希望你知道真相。當他們希望你可以深深相信的時候，也許是因為他們害怕你可能會

知道真相。

宗教的基礎是信念，而不是知識。要做個好信徒，你必須「堅信」，基本上這其實就等於「必須無知」。為什麼？顯然當你一旦發現真相之後，便會將自己從宗教的陷阱中掙脫出來。「真相使你自由」——不是嗎？

信念和真相是相反的東西。理智的人知道真相卻從不相信。不理智的人會相信某事，至於是非對錯，他們從不知道。

錯誤資訊

現在，當你更加瞭解資訊、信念和知識三者之間的差異後，讓我再次警告你，我會分享我的發現，因為我認為這非常重要，儘管我認為這種警告可能會讓你感到驚訝。

當我瀏覽許多所謂的靈性教學網站時，我看到許許多多的錯誤資訊。當我聆聽所謂的大師或生命導師的開示時，我聽見許許多多的錯誤資訊。當我閱讀被行銷為開悟大師的知名作家作品時，我讀到許許多多的錯誤資訊。

請注意，無論開悟與否、知名與否，那些大師和導師們，都以傳播錯誤資訊而聞名，因為他們所傳授的經常是他們的信念。

讓我直接告訴你，在我看來這點很重要，請不要像一隻羊一樣的盲目行事。我主要的意思是，請不要允許他人向你提供錯誤資訊。簡單地說，就是不要盲目地相信自己的所讀、所見、所聞。你應該要注意某些資訊，但相信或遵循這些資訊可能會造成傷害。因此，我建議你要自行檢查，看看它對你會造成哪些作用。

每個人，不管是喝醉的流浪漢還是備受敬仰的大師，當他們在世時都會散佈或真或假的資訊。若你盲目地遵奉這些資訊時，也許會因此在自我意識發展的道路上徘徊不前。

業力

業力一詞出自於梵文，現在這概念已通行全球。它可以從兩種角度來分析，一種是科學的，另一種是宗教的。科學的定義就是牛頓第三運動定律，也被稱為作用與反作用定律，它指出「每種作為中，都有作用力，以及與此作用力大小相等，方向相反的反作用力存在。」你可以在物理書籍中找到關於這個原理的詳細解釋。

業力是佛教和印度教的重要概念，因此，它可以作為某種普傳信念的例子。根據這種信念，你對其他生命體（主要是人）所想的、所說的、所做的任何事情，都會回到你的身上。尤其是當

你做出了某件「壞事」或「好事」，它將回饋到你身上。因此，建議你做「善事」，如此可以累積許多「善業」讓你在將來或來世體驗善業的果報。「你的作為會造成影響你的反應」，這種信念，在很多宗教中都有出現。

基督教沒有「業力」一詞，但有個非常相似的概念，就是上帝獎賞人們的善舉，懲罰人們的惡行。除此以外，《聖經》中也有很多相關論點，其中最有名的是「要怎麼收穫就要怎麼栽」。——基本上這就是在傳揚印度教、佛教的業力觀。

如同你所得到的結論，宗教業力觀是建立在判斷基礎之上的。你需要判斷思想、言行是——「好的」、「不好不壞」還是「壞的」。沒有判斷，就沒有宗教業力。

因此，判斷標準基於信念，你得要先相信有善行與惡行的分別。一開始——不管是你還是別人，需要先將行為區分出善惡。如果你接受了別人對於好壞的定義，那你就是在跟著別人的信念走。

在實際生活中，如果你對他人做了「好」事時，只要有機會，他人就會傾向以「好」的事物來報答你。如果你瞭解心智的作用，那麼你就可以看到內建在本能中的程式，如何在人與人的互動之間，進行判斷。這些程式可被稱為業力軟體。

在你的文化中，有些行為被程式化地定義為「好」，但在其

他文化中，同樣的行為則被程式化地定義為「壞」。此外，在某些情境下，一個行為可能是「好的」，但在其他情況下卻變成「壞的」。在其中，因果業力如何運作的呢？行為結果取決於當下情境中參與者的判斷。參與者的判斷將定義出結果。

正如你所看到的，宗教業力觀只是根植在我們本能之中的程式。操縱者利用他們對於本能的瞭解，塑造出你的信念並讓你跟隨他們。他們需要追隨的羊隻。你想成為其中的一員嗎？

從零開始

千里之行始於足下，只要踏出一步就可以開始。我可以讓本書從第一步開始踩出，但是，我喜歡更精確、更科學，我喜歡更深入地研究，因此，我更願意從起步點以前，也就是從根本開始。你可能需要紮下穩固的基礎，所有的知識都將墊基於此，自此開展。

「1」之前是哪個數字？我想，你的數學底子夠好，應該知道答案——0在1之前。0就是我們的起點。有時候，人們不說「0」，而是說「無」，那就讓我從「無」開始吧！

在此我介紹一個代表「零」或「無」的新詞：「全意識」**(The Consciousness)**。

全意識

讓我們以一個故事開始，來談談在這個宇宙中最容易被誤解的概念。首先，我請教你——什麼是「零」或「無」？你見識過它嗎？你能想像它嗎？請想像一下「無」，想像一下「零」。

你看到了什麼？

沒有……拜託……請不要試圖向我解釋「零」或「無」，你注定會失敗的。為什麼？因為無論它在你腦海中以什麼樣子出現，當你將「無」或「零」試圖想像為「某種東西」的時候，「某種東西」就不是「無」。

令人困惑，不是嗎？事實上，智能並無法想像或理解「零」或「無」。智能是你心智的一部分，它被設計來處理資料，也就是用來處理事情的。因此，不要指望智能可以處理得了在它原先設定之外的事物。

一般來說，世人並無法想像什麼是「零」或「無」，因此他們無法解釋。有些方法可以讓智能理解這些術語，我將在後面說明。

如我剛才所言，這是個關於這宇宙中最容易被誤解的概念的

故事。順道一提，你大概知道世人是多麼有趣，當他們不能理解某事時，他們會編造出很多關於這件事的故事和解釋。他們也會給這件事取個名字。

這種行為就叫做哲學化。

綜觀人類文明歷史，對於未知事物進行解釋和命名的故事數量，只會越來越多。

千年之後，當你想要找出真相時，可能會感到茫然，除非你已經開悟了。

請看看以下這些如何稱呼這個不可思議、無法解釋的概念的例子。

無、零、真空、道、梵天（Brahman）、終極絕對、空無、源頭、終極實相、大虛空、起源之前、無條件的終極狀態、宇宙大爆炸、上帝、宇宙心智、第一因（The Cause）、第一律（The Principle）、宇宙意識、宇宙智能。

想像一下，當你在學習的時候遇到這些名詞和其他意義雷同的名詞時，會不會搞混？當然會，這也就是為何這種話題這麼容易被誤解的原因。

我喜歡清楚的解釋，我不喜歡用哲學來解釋事情。我更喜歡

具有清晰定義的說法。為了避免混淆，我決定把這個難以想像的東西命名為：「全意識（The Consciousness)」（大寫T，大寫C）。

從現在起，每當我談到這個無法想像、無法解釋的東西時，我將只用「全意識」這個名詞，縮寫為「ＴＣ」。

「全意識」是什麼？在一般情況下，人類並無法想像或解釋「全意識」，但……當然，我們可以試看看。讓我多說幾句，這樣你就可以對於「ＴＣ」這概念掌握得更清楚。

之後，當你的心智開悟後，你的智能就可以理解「全意識」，到那時你就會懂了。雖然你可以懂，但當你想向別人解釋的時候，他們會誤解你。

總之，讓我繼續說下去。來看張圖片如何？

顯然地，「全意識」並不能用圖像來表示。但如果我堅持要給你看些盡可能接近「全意識」的描述，我會創造出什麼樣圖像呢？

請看下一頁：

上一頁有什麼？你可以回答「什麼都沒有」、「黑頁」或「空白頁」。這是我能畫出的最接近「全意識」的圖像表現。從現在起，請記住，只要在本書中看到全黑頁面或背景；就代表著「全意識」。

我可以想像至今你仍然無法明白我說的「全意識」是什麼，所以我想繼續講下去。這次我從數學上選了一個具有邏輯性，也容易理解（希望如此）的例子。

請看看這張圖示。

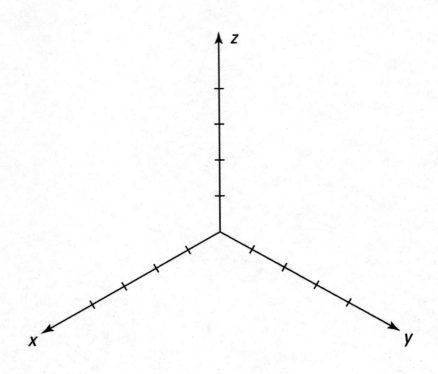

Ｘ、Ｙ、Ｚ軸可以用許多不同的方式和單位進行分割和編碼，好比：1、2、3……無論我們用什麼度量衡，無論我們如何分割，每個軸都是以一個定點做為開始，也就是它們的起點，它們的原點。我們如何稱呼此點？當然，是零（０）點。

　　零點是整個ＸＹＺ結構的基礎，是延伸到無窮的起點。我們也可以說，如果沒有零點，整個ＸＹＺ軸結構就無法存在。

　　想想看——零點，也就是我們常說的「無」，是整個結構的基礎、原點、開端。如果要以哲學化的方式來敘述的話，我會說零點是宏大的基礎數學原點！哇！一切都是從無開始！

　　瞭解嗎？還不懂？沒關係，除非你已經開悟了，不然你可能無法瞭解，但你可以繼續讀下去。

　　這就是我以數學為例，將「全意識」比擬為零點的方法。讓我們繼續說下去。

　　假設ＸＹＺ象限代表現實或生活中存在的事物，比方像距離、溫度、重量、金錢數量、食物、土地，或是理解程度、情感、思維。所有這些都可以用某種方式來度量，所有這些都可以為零，所有這些都可以增長。

　　若我們如此假設，那麼我們可能會再次注意到，這一切的開

始起自於……某種不存在的東西，無、空無、零，或者，就像我所說的——「全意識」。

「全意識」是無法被想像和解釋的，但它是原點，是一切的基礎。

現在，你明白了嗎？還不明白？很好！除非你開悟，不然應該無法明白，但你可以繼續讀下去。

如果你堅持要理解「全意識」，你需要擺脫你的智能活動。確切地說，你要讓智能運作完全安靜下來，並關閉所有感官感受。然後，如果你沒有睡著，你的智能將可以意識到什麼是「全意識」。

怎麼做——以後我會教你。讓我繼續解釋下去。

正如我在前面曾經說過的，過去人類歷史上，有些大師們曾經談過「全意識」。當你對某些古老典籍進行分析之後，你也許可以發現關於「全意識」的文字敘述。

例如，在中國歷史上，有一本《道德經》，在該書中；「全意識」被稱之為道（dào）。在這段經文中，只對「全意識」做了很短的解釋：「道可道，非常道。」

雖然這這句短語有各式翻譯，但在我看來，它無法在邏輯上

適當地翻譯為英文，必須要用個故事來解釋它。

雖然智能不可能想像「全意識」，因為任何嘗試都有其侷限性，但為了要能讓智能練習將「全意識」視像化，請你先想像出某個東西，它既不是、也不具有以下任何特質：

原點、限制、起因、生命、結果、光、維度、空間、時間、力量、能量、知識、感覺、情緒、能力、動作或任何你能想到或想不到的東西。

咦！這樣該如何想像呢？一旦你開始想像這東西，事實就不會是你腦中出現的東西，我意識到「全意識」是無法想像的。沒關係，讓我繼續講下去。

儘管你可能會覺得聽來很奇怪，但「全意識」既不是上述的任何東西，也不包含以上元素，但同時，所有這些元素都是出自「全意識」。這道理相當接近之前解釋過的：ＸＹＺ軸象限全都起自０（零）點。換言之，我們可以說，任何：

原點、限制、起因、生命、結果、光、維度、空間、時間、力量、能量、知識、感覺、情緒、能力、動作或任何其他你能想到或不能想到的事情，都起源自於「全意識」。

如果到現在你還沒有感到完全迷惑的話，那我佩服你──你

可能是個開悟者，或是接近開悟的人。

如果你感到迷惑了，我也敬佩你還願意繼續讀下去的毅力。請繼續讀下去，你將受益良多，不是現在，是以後。

讓我接著用其他說法來描述「全意識」。

「全意識」是全能的，它是全知全能、一切萬有、一切緣起，以及上述沒有涵蓋的所有。「全意識」創造出所有起因、所有生命、所有物質、所有靈魂、所有過程、所有本質。一切的一切與任何其他，都以「全意識」為原點。「全意識」就是你能夠想像和無法想像的一切。

嗯，連我自己都搞昏了——這就是哲學。總之，請繼續讀下去。

我曾多次提到，「全意識」無法被智能所理解。我可以把「全意識」比喻為工程師，將智能比作機器。

這台機器想理解製造它的工程師，但它沒有任何可以思考的工具。同樣地，智能也沒有配備任何可以理解「全意識」的工具。

那麼，「全意識」是什麼呢？

它可以用各種方式來描述，但每一種對於「全意識」的描述都是錯的，它只是智能中的的某種假想描述。 當你離開智能而進

入直覺領域時，你就可以捉住「全意識」是什麼。然而，當你回來之後，你會知道你並無法用理智來捕捉並描述「全意識」。

我很清楚，歷史上所有開悟大師努力向大家解釋的「全意識」概念；其實都是被誤解的。然而，換個角度來看，我想提供給你一個簡化版本的描述，應該可以讓你更容易掌握這個議題。

請想像一片不受到時間與空間限制的海洋。換句話說，這片海洋永遠無處不在。若我們假定除此海洋之外還有任何其他事物，也都是存在於這片海水之內。為了簡化想像，我們也可以說萬物都存在海洋之中。

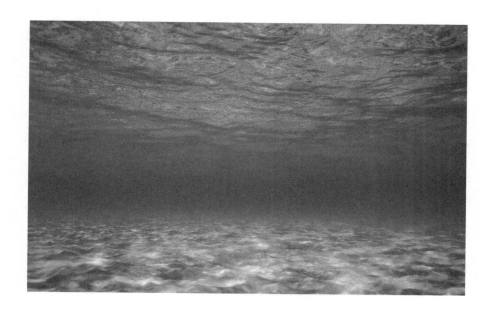

現在，如果你想像自己正在看著這片海洋，那麼你就會知道，這片海洋並非生命、時間、空間……等等（如上所述的）事物。但是，你也會意識到，所有這些（如上所述的）東西都是在這片海洋中發出的，換句話說，海洋可以孕育它們。我們可以說，這些事物既然出自這片海洋中，因此這片海洋就是它們的本源。

閱讀本書時，如果你夠專心的話，你會注意到，我一方面將「全意識」解釋為無或零，另一方面我將「全意識」形容為一切萬有。你會看到兩種交互對立的敘述。

嗯，要注意的是，以上兩者全都不對。文字敘述會試圖讓你捉住概念，但無論你以哪種方式來想像「全意識」，你都是錯的。然而，對於以上兩種敘述進行沉思冥想，可能可以讓你的理解更為接近「全意識」。

記住這兩種敘述；以後，當我們講到「大我（IAM）」、心智和「生命」的時候，你就可以有更深的理解。

「大我」（IAM）

我承認至今為止連我自己都還在思考，該如何解釋無法解釋的「全意識」？總之，從現在起我將會以更精確、更科學、更具物理基礎的方式來說明。

為了做到這點，首先我得定義出某個可以被我們理解和面對的具體事物。我們應該從哪裡下手？要用什麼做為最簡單的開端呢？

「全意識」並非看來合理真實的概念，所以我們得要先創造出某種可以讓我們面對的具體事物。我們需要踏出具體的第一步。換句話說，我們需要創造出一個最基本的單位。有了這種單位之後，我們就可以用看來合理而真實的方式對它做出解釋。

這就像是 XYZ 軸。如果我們只停留在 0（零）點的話；除了哲學性的討論之外，我們還能做什麼呢？為了要達到其他更實用的目的，我們必須得有個單位，因此，我們創造出 1 這個最基本的單位，並將它置入 XYZ 軸上。有了 1，我們就可以利用它來進行各式各樣的操作，好比說，我們可以利用 1 進行數學運算；以產生數值的無限矩陣。所有這些操作都將是合理並可被智能所理

解的，這樣我們就無須再做哲學上的清談了。

讓我繼續談談關於「全意識」的故事。其實，XYZ 軸只是為了方便理解而用的比喻。我不想再拘泥於「全意識」，也不想再做哲學清談。我需要創造出某個具體事物，才能向後推進並讓故事繼續下去。

事實上，我並不需要創造出任何東西，因為它其實一直都在。我想要給它取個名字。我給它取了：「大我（IAM）」這名字

（大寫 I、A、M；三字母寫在一起，以將它和「小我（I am）」清楚區分）。

「大我」是從「全意識」中浮現出來的第一因。「大我」是源頭或最基本的單位，一切萬有的建立均奠基於其上。「大我」源出於「全意識」，並成為生命的起源。

然而，我需要強調的是，**「大我」是「全意識」中的一抹幻影或想像。** 為何如此？讓我再舉個例子。

讓我們再次想想之前描述過的具有無垠時空的那片海洋。從邏輯上來說，這片無垠大海是由無數水滴組成的。但在你的想像中，當你看見這片海洋時，你所見到的並不是個別的水滴（其中某些水滴細小到可如簡單的的 H^2O 水分子），但你知道它們存在

於海水之中。

在我們舉的海洋例子中，「大我」被比喻為水滴。需要注意的是雖然我們會談論形狀和數量，以便使我們更加容易想像，但事實上，「全意識」和「大我」並沒有受到空間或時間的限制。之後你會知道，空間感和時間感都是心智的產物。

為了要能讓你更容易理解，我將「全意識」比擬為一片無垠的海洋，並將「大我」比喻為這片海洋中的一滴水滴。在此我再次強調，請不要考慮維度、宇宙、空間、尺寸或時間等議題，因為「全意識」並不受任何約束，「大我」亦然。

繼續往下說，想像你詢問其中的一顆水滴，「你是什麼？」水滴可以給你以下兩種答案之一。

1. 我是海洋。
2. 我是某個水滴。

這兩個答案都對，但也都強化了某方面的觀點，這觀點取決於水滴的選擇。

海洋和水滴代表的是一種比喻，但我們討論的其實是「全意識」和「大我」。以上問題是要用來幫我導入「大我」的說明，因此答案會是：

1. 我是「全意識」。

2. 我是「大我」，某個分離出來的個體。

「大我」與「全意識」同為一體；且「大我」存在於「全意識」之中，就像水滴與無垠海洋本為一體一樣。「大我」與「全意識」是同樣的東西，但由於個體智能的差異，人類會以不同的觀點來看待它們；以不同的地方式來思考它們；同時也會以不同地方式來感知它們。

因此，幾乎「大我」的一切特質也就是「全意識」的特質。「大我」是「全意識」的某個想像片段。沒有「全意識」，「大我」就不會存在；沒有「大我」，「全意識」也不會存在。同樣的，你可以想像，如果沒有海洋，水滴就不會存在，如果沒有構成海洋的水滴，海洋也不會存在。你可以在無視空間與尺寸的前提下，想像這種狀況嗎？

「大我」是「全意識」的一顆粒子，它與「全意識」幾乎具有相同的性狀。不同的地方在於，「大我」可以想像它不是「全意識」；它可以相信它是某種不同的、具有個體性的、分離出來的東西。

這就是「生命」的一切樂趣開始之處。「大我」可以被視為

是某種真實的存在，是出自「全意識」並從「全意識」中分離出來的事物。而「全意識」則可被視為是某種虛幻的、無法想像的、無法理解的事物。

為什麼我堅持要你們理解「大我」？我會這樣做是因為「大我」是每個生命個體的本質。「大我」是構成萬物及其生命的一切創造者。

你的身體不是你，你的心智不是你，這兩者只是你的工具。你是什麼？在你的本質中，在你的本源中，你就是「大我」。人是由「大我」創造出來的存在。每個其他的生命個體亦如是。

「大我」創造出心智，而心智創造出所謂「生命」之中的其他事物，當中包括了維度、能量、物質、思維等等。後面我對此將有詳細說明。

如果我一定要以圖像化的方式來表現出「大我」如何從「全意識」之中展現出來的話，我會畫出如下的圖像。在此圖中你會再次看到黑色背景，當然，這就是「全意識」。然後你可以想像，就像這張圖所顯示的一般，從「全意識」內部，從一個未經定義的點開始，有某樣東西自此擴展了開來。

如果你是個科學家，也許可以將這張圖與「宇宙大爆炸」影

像來相比。宗教人士可能會將這張圖與世界或「生命」創造影像來相比，圖中示現出「光（Light）」如何從空無之境中展現出來；並向外擴展。

事實上，宗教界與科學界已經提出過創造論；或關於「生命」、宇宙源起的概念。

人類歷史上的大師們在解釋「大我」時，會以不同的名相來指稱它。你可能還記得，關於「全意識」也有同樣的教學進展過程。這就是為什麼當你研究古今教誨、宗教、哲學等學問時，會找到不同的「大我」名號；這往往令人相當困惑。以下是一些例子：

神、唯一、至高我、高我、超級意識、起源、創造、至高無上的存在、絕對真理、生命之源、存在。

特別是在古代文本中，你可以找到一些關於「大我」如何產生；如何展現自「全意識」之中的故事。我再舉個中國歷史上的典故，在《道德經》中，「大我」被稱為「一」。經文使用一句簡短的話語來敘述「大我」的由來：「道生一」，字面上的翻譯，就是：「一」自「道」中出生。若套用本書名相，這句話可以被翻譯為：「大我」出自「全意識」。

長話短說，你只要記住，「大我」是本質，是每個生命的創

造者或起源。你的身體和心智並不是你，它們是你的工具。這些
工具是由「大我」所創造的。每個人、動物、植物或任何其他生
命形式都是如此。

心智

　　在日常生活中，我們比較感受不到自己經常有機會面對「大我」或「全意識」，但許多人都有意識到自己會經常利用到心智功能。心智創造出並維持你的「生命」和身體。知道自己的心智結構和功能，除了可以讓你對「生命」有更多的認識之外，也可以讓你設計「生命」。對此我仔細解釋一下。

　　「全意識」創造出「大我」，然後再由「大我」創造出心智。換句話說，心智是由「大我」所建立，而「大我」出自「全意識」。

　　馬車被動地跟隨馬匹，無法自己做主。當馬匹走動時；馬車跟著前進，馬匹立定時，馬車也跟著暫停；當馬匹失去控制時，馬車也會因此跟著前仰後翻。

　　在你的生命中，心智如同馬匹，拉動你的身體——也就是馬車。

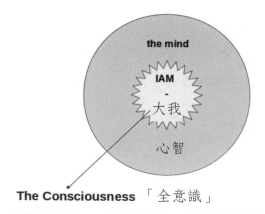

The Consciousness 「全意識」

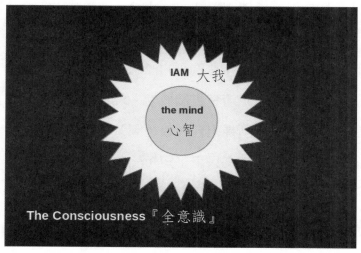

　　以上兩張圖以圖像化的方式表現出這個過程。兩張圖都可以算是正確的，因為「全意識」、「大我」和心智並不受維度、空間或時間的限制。因此，為了幫助大腦想像「全意識」，我們可以將它畫成一個無限小的點，或者畫成佔滿所有空間的某個事物。

你可以想像下述的任一程序。

- 「大我」自「全意識」的某個起點向外擴展，然後心智又從「大我」中開展出來（上圖）。

  或

- 「大我」出自「全意識」，然後心智在「大我」之中被創造出來（下圖）。

無論你如何想像那個過程，要注意「全意識」是「大我」的本源，接著再由「大我」創造出心智。

這句話描述了某個非常重要的概念——也就是「生命」源起之前，越到後面你會越清楚這個概念。現在，我再借用來自中國歷史上的經典案例，同樣出自《道德經》，在這段經文中，心智被稱為「二」。這段經文只用了短短一句話：「一生二」；就描述了心智的誕生，若根據字面翻譯，就是：「二出自於一」。若按本書名相，則可譯為：心智生自「大我」而生。

剛才提到，這句話描述的是「生命」源起之前的狀態。為了要能夠瞭解什麼是「生命」，你需要對心智有更多瞭解——心智是如何組成的？它是如何運作的？

請看下圖，它展示了心智的結構。

在畫這張圖的時候，為了便於清楚顯現其中內容，我特意將「大我」擴展出來，宛如將它放大一般。重要的是請將這個結構記住，日後它可以幫助你進一步瞭解本書的解釋。

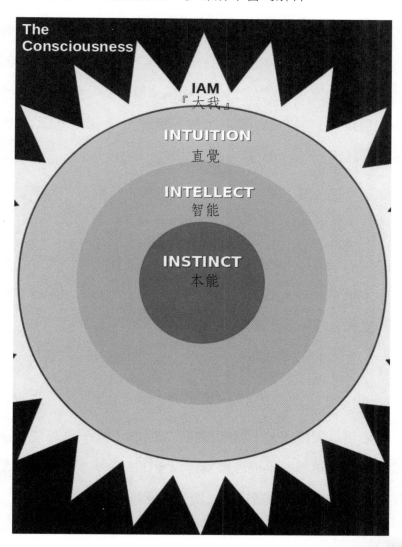

心智是由「大我」所創造出來的某種裝置。要知道，這個心智裝置並不受維度、空間、時間或物質的限制。換句話說，心智是一種不存在於時空之中；非物質性的裝置，它只存在於「大我」之中。空間和時間則是被心智所創造出來的產物。

心智是「大我」創造出來的某種機制，它的目的只有一個，就是創造「生命」。心智設計並運作出一場名為「生命」的遊戲，或者我可以說，「生命」是心智的一種運作——關於這點我們稍後會再多談談。

順便一提，請不要誤會，我說的心智並非大腦，大腦是一個物質器官，隸屬身體的一部分，是不同的東西。

心智由三個部分組成：本能、智能和直覺。每一部分在創造和運行這場「生命」遊戲時；都發揮著特定的作用。關於本能、智能和直覺，請看看下圖。

本能

本能可以與機器——就像電腦作業系統相比。你可能知道，作業系統是讓電腦、手機等機器得以運作的最基本軟體，如果沒有作業系統，這樣的機器只是一塊死的硬體。

本能驅動身體，不管是人的身體、動物的身體、植物的身體，還是其他物質或非物質的身體。這意味著，本能包含了可以儲存在記憶體中的程式與數據。每當你需要想起某件事情時，你會造訪本能中的記憶庫。這種記憶庫跟整體心智一樣，也是非物質性的。

程式是一種自我運作的機制，它完全按照程式設計（編寫）的指令來行事。程式不會思考、沒有情緒；也不會出現沒有經過設定的動作。請記住，本能並不會思考。

你還記得自己上一回是什麼時候死去的嗎？我並不是說現在你已經死了，而是指你的前輩子；過去身因為某種原因而停止繼續運作的狀態。

如果你還記得當時發生的事，那麼你可以回想一下，在你的身體停止運作之後，你就將身體丟棄了。雖然你的身體已經被拋棄，但你並沒有因此失去任何記憶，你還記得。即使到了現在你仍然可以從過去生中汲取記憶，也就是所謂的前世記憶。嗯⋯⋯也許你需要先鍛鍊出這種能力。

記憶儲存在本能之中，而不是在大腦裡，這也是為什麼只要你持續使用心智，就能保有記憶。一旦你關閉了心智的運作，或

者破壞它之後，所有的記憶就會消失。

本能操控身體，這意味著我們所有的感覺和情緒都存在本能之中。事實上，所謂的感覺和情緒，都只是在個體本能中運行的程式。

事實上，本能操控我們體內億萬個程式。建構身體的每顆原子都受控於本能，每個細胞、每個器官也是如此。所有身體的感官都是是受制於程式的收信設備。

你有沒有注意到你有多少自動化的行為模式？事實上，如果你做些研究的話，你可能會驚訝地發現，幾乎所有的身體行為，包括你說的話，甚至很多想法，都是在本能中運行的程式。

經過對於人類的長久觀察，我得出一種結論：許多人的行為模式幾乎就像機器人一樣。我注意到越來越多人在使用電子設備，尤其是無線通信工具，他們的行為越來越欠缺自我思考，變得像機器人一樣，甚至連思維也是。

剛才我提過感覺和情緒也是在本能程式運作下所產生的結果。雖然這聽起來很奇怪，但事實是，當你愛著或恨著某人某事時，這不是你，而是在你本能中運行的程式，產生或愛或恨的反應。

快樂、悲傷、恐懼、勇氣、喜歡、焦慮、孤獨……你可以提出更多——所有這些都是本能運作的程式反應。除此之外，我們還有飢餓、口渴、疼痛、地脈（Earth pulse）、體溫和其他生理機能——所有這些都是在本能之中運作的程式。

本能程式可以進行編寫，換句話說，程式可以被插入本能之中，也可以被刪除或修改。這種程式編撰可以透過各種方式來完成。你可以有意識地藉由本能編程技術來做到。然而，在大多數時間裡，本能會因為受到外界影響而寫下程式，例如：地點、顏色、聲音、談話和他人行為。請記住這個非常重要的資訊——你可以有意識地對自我本能進行編程，從而改變你的生活。

你的父母提供你最基礎的本能程式。隨後，當你經過家人、幼稚園、學校等等場合的教育後，這些場合經驗塑造出你大部分的行為程式。目前和你一起共同生活、工作、玩耍……等等的人；會對你的本能造成最大影響。你可以將大眾媒體、電影、事件和其他情感影響因素也加入這個名單中——它們可能會對你現在的本能出現最大影響。

關於本能，我們還有很多需要學習的地方，這是個很大的題目。心理學、社會學和程式設計的學習都可以讓你對本能有更多瞭解。過去和未來也有許多與本能議題相關的書籍可供參考。

不過現在，我會建議你記住這點。

本能是由數據和程式組成。本能不會思考，它只處理程式運作並保存記憶。本能其實什麼都不懂。

智能

我將本能比為電腦的作業系統。不過，若要進行資料處理的話，電腦還必須要有中央處理器（有時也被稱為電腦的大腦）才行。我們可以將智能比喻為電腦的中央處理器。

智能是心智的一部分，智能處理所有的思考，也就是資料處理。思考則包含想法處理、影像處理以及來自於感官的資料處理。

請記住，智能之中並沒有任何記憶或知識庫，這意味著智能要先從記憶庫中取出資料或從感官中接收資料，然後才能對它進行處理（思考和想像）。

智能是心智的一部分，換言之，我可以說人類主要生活在智能思考之中。看看你的生活與周遭世界，人類的所有創造，不管是藝術還是科技，都會先經過智能處理，然後才在物質世界中成形。

智能的作業模式大致如下：首先它從感官中接收數據或創造

出問題，接下來它進行構思、計算、分析、嘗試、計畫、解決等等，最後它創造出某個答案或解方，而這答案中可能會包含下一個出現的問題。

從事情開始出現問題的那一刻起；直到找出答案的那一刻為止，中間所經驗的，被稱之為時間。時間只存在於智能的運作之中。在正常情況下，智能運作離不開時間。智能一直在創造時間，以便使自己能夠持續運作下去。智能之外是沒有時間的，因此可以說，時間是智能創造出來的一種幻覺，空間也是如此。

智能隸屬於心智的一部分，它是本能的理性編程工具——用來尋找解決方案並進行創造。首先，你的日常生活在智能中被創造出來，智能創造出你的決定，同時你也會在智能的運作下將問題帶入生活，並藉由你的智能來解決這些問題。使用智能時，你可能會，也可能不會進行邏輯性思考、交流、探索、學習、解決任務與回答問題。

若不使用智能的話，你將表現得像個無腦動物一樣。你的身體不會按照你的智能決定行事，它只會遵循本能程式。這正是發生在人類身上的事——尤其會出現在某些智能發展較為遲緩的人身上。

你可能曾經注意過這些人的行為模式，他們有較大部分被本

能所掌控而不是被智能所管理。

人類智能是非常有用的工具。沒有智能的話，人們將會像自然界中的動物一樣，必須仰賴肌力強度和運動速度等技能求生。

然而，智能同樣可以使人類受苦。有一些例子包括利用智能來破壞自然環境和製造殺死人類的工具。有些人使用智能來操縱、奴役和統治他人。

智能有另一個名字——「自由意志」。這意味著，任何時候當人類使用智能時，他們都有選擇的權利。那些缺乏智能或使用本能的人，無法自由選擇，這些人沒有自由意志，他們會根據本能輸出程式來產生行動。

人類會在不知不覺中使用錯誤資訊，來為自我生命樹立信念。這樣的人會創造問題，並在不知不覺間編寫本能程式，這種自我的無意識思考會為這些人帶來痛苦。

如果你不想受苦，就不要盲目地相信所有的資訊。

只要是寫下的、說出的、看到的所有，都只是資訊，它可以是對的，也可以是錯的。如果你不加思考地盲目相信，就是自討苦吃。

要善用你可以控制的智能做為優勢，它必須為你服務，因為

它是你的工具。它必須在問題解決的過程中為你服務，這樣你才能有效地理解和學習。智能必須要為你創造出有效的視覺化影像，這樣你就可以編寫出對你有利的本能程式，請讓智能臣服在你的管理之下。

有時你需要關掉智能運作。多虧了這種開關能力，讓你可以做出——諸如想睡就睡、切斷對於環境干擾的注意力、有效地進行心智練習等等事情。當你可以充分控制自我智能時，你就可以意識到來自直覺的資訊，或改用另一種近乎完美的方法來進行溝通——也就是心靈感應。

請記住——智能既沒有記憶也沒有知識，它只有思考，也就是說，智能只做資料處理。

直覺

再一次，讓我用電腦來和智能做個比擬。在這種比擬中，你也許還記得，本能是作業系統，智能是中央處理器。心智的第三部分，也就是直覺，則可以被比擬為這台電腦的操作者。

直覺隸屬於心智並包含了所有的知識，所以我可以說，直覺也包含了所有的真相。直覺既不思考也不行動，它只是知道。

直覺知道一切而沒有任何疑問，沒有思考、沒有創造、也沒有尋找。直覺中沒有任何問題。即使有問題出現，在同一時刻，答案也會出現。事實上，直覺之中並沒有「此刻」的概念。時間、空間和二元對立在直覺中並不存在，時間、空間和二元對立是智能的產物，它被植入本能之中；並成為持續運作的程式。

做為心智一份子的直覺，也是你的工具，一個強大的工具。

當你能夠完全運用你的直覺的時候，你就不需要透過智能去尋找資訊，學校教育會因此變得多餘，沒有什麼事情可以瞞過你。如果你想要瞬間知道關於某人或某事的一切，你只需要將注意力轉移到他們身上就好。你學得飛快，以致於問題將沒有機會成形。如果你是使用直覺來認知事物的人，本書將對你毫無用處。只要一秒瞬間，你就會知道本書的所有內容。事實上，你還會知道更多的東西。

人類若想立刻知道某些智能無法掌控的事情，或是需要花費太多時間精力思考的事情的時候，就會使用自己的直覺。

另一方面，使用直覺會減少生活的樂趣。每當你動念時，就可以洞悉一切人事話題，這樣的日子還有什麼樂趣呢？如果你可以通曉所有過去和未來種種，這種生活還有什麼樂趣呢？對你來

說，世界將沒有祕密可言，沒什麼好發現的，沒什麼好研究的。

你聽過「開悟」一詞嗎？我想你一定聽說過。什麼是開悟呢？簡單解釋──開悟後，智能將可以隨意從直覺中獲取資訊。關於開悟，我將在後面進一步的解釋。

現在，讓我總結一下心智的三個組成分子。

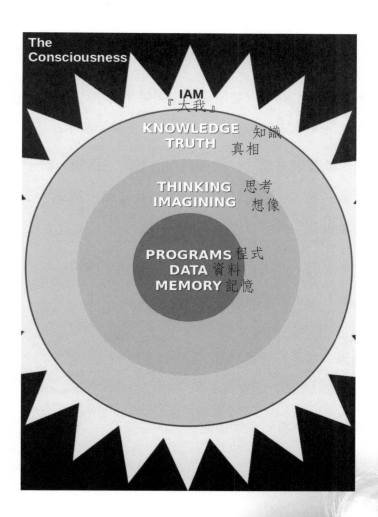

> 直覺只知道（真相），它既不思考也不行動。智能只思考（程序），它既不知道，也不行動。本能只有行為（運作），它既不知道，也不思考。

達到完美的結果

你知道要如何才能夠成功地達到完美結果嗎？「完美」在這句話中的含意是，無法在其創造目的上向前更進一步了。

想要成功地實現某事，你需要利用心智的三個組成份子。首先，要有知識。第二，要思考如何運用這些知識。第三，要以行動來建構出某個東西。

知識需要思考，然後藉由行動將它具體化。換句話說，行動應該跟著思維走，而思維應該跟著知識走。

> 知識→思考→行動 => 完美結果

你可以在下圖中看到這個過程：

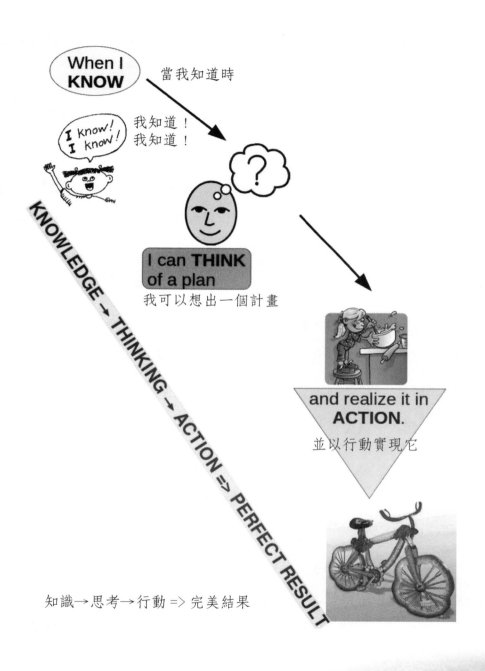

When I **KNOW** 當我知道時

I know! I know! 我知道！我知道！

I can **THINK** of a plan
我可以想出一個計畫

and realize it in **ACTION**.
並以行動實現它

KNOWLEDGE → THINKING → ACTION => PERFECT RESULT

知識→思考→行動 => 完美結果

看看四周，觀察世界，注意人類科技——你有什麼結論？這些都是完美的嗎？

嗯，你可能會有不同的看法，因為這要視狀況而定。請讓我這樣描述看看。

當你觀察地球上的人類生活，你可以看到文明的產生、發展、衰落和自我毀滅。現在的人類文明也是如此演進——我們可以清楚預見人類文明正在走上自我毀滅之路。

為何會這樣呢？

人類建造的城市和科技破壞了自然。大自然維繫著地球上的人類生命。人類越是發展自我文明，就會越快速與大量地破壞人類的生命。

我想我不需要舉例，我相信你有足夠的智能，可以瞭解我所說的事情。

地球上的人類科技為什麼會破壞生命，乃至於帶來自我文明的毀滅？

主要原因是人們並沒有知識，換句話說，人類並不知道應該如何從直覺中取得知識。當人們在不知其所以然的狀況下創造出某樣事物時，他們是根據自我信念來行事的。知識的欠缺造成信

念，這個過程被稱為「無知而為」，因此，人們的做法並不是：

知識 → 思考 → 行動 => 完美的結果

而是：

？？？？ →思考→行動 => 有害結果

有沒有知識所造成的結果，其實是個很大的話題，可以寫上一本厚厚的專書來討論。

「生命（Life）」

「大我」出自「全意識」，製造了心智，然後心智製造出一場名為「生命」的遊戲。

換句話說，這場名為「生命」的遊戲是在心智中進行的，而心智是源自「全意識」的「大我」的工具。

通常，當我們說「你」、「我」、「他」、「她」、「它」時，我們指的是各別的「身體＋智能」結構。「身體＋智能」結構就是「生命」遊戲中的角色。

比方說。

你＝你的身體＋你的智能。
她＝她的身體＋她的智能。

為了避免混淆，在此我引入一個新詞「你（大我）（You）（I Am）」，意思是「你的大我」。當我想強調的時候，我會用「你（大我）」來指稱你的大我，而不是你的「身體＋智能」結構。

「生命」是在心智中運行的一場遊戲。雖然這話可能會讓你聽來感到奇怪或震驚，但「你（大我）」是在玩一場遊戲。這個遊

戲的標題是「生命」。你的身體是這個遊戲中的某個人物／角色。

你知道，為什麼「大我」要玩遊戲嗎？可以幫助我們理解這概念的簡單答案是：「大我」無事可做，所以它喜歡這場名為「生命」的遊戲。「大我」享受著這場遊戲所產生的幻覺。

在這種情況下，「大我」可以被比喻成一個無所事事的人，他很無聊。這個人打造出一台非常精密、非常先進的電腦，用它展現出非常逼真的、多維度的虛擬實境，這人就可以因此享受這場幻夢。

這場遊戲幻境如此逼真，以致於讓這個人忘了自己，他忘記了自己並不是遊戲中的角色。他忘了一個事實——他其實是在遊戲幻境中迷失了自己的「大我」。

Life
『生命』

IAM
『大我』

難以置信，它如此逼真，竟然讓我忘了自己！

當你玩遊戲的時候，你可能會變得情緒化，以致於失去自我，你忘了這一切都不是真的，你只是在玩。只有當他人告訴你「嗨！醒醒吧！冷靜點！這只是場遊戲，不是真的」的時候── 你才會從遊戲中清醒，或是退出、關掉它。

「大我」就是這樣做的；它玩的是一場名為「生命」的遊戲。「大我」刻意讓自己忘記這個事實，並讓自己在心智之外的虛擬幻境中玩得渾然忘我。

在「生命」中的某個片刻，「大我」可能會意識到自己只是在玩一場心智的遊戲。這種時刻通常被稱之為「開悟」或「覺醒」。「大我」在這時刻開始意識到了一個真相——這個真相就是「大我」既不是這場遊戲中的身體，也不是這場遊戲中的心智。

很多人都想要開悟或覺醒。他們努力在自我精神成長或自我發展的道路上前進，以達到開悟的目的。有意思的是，每當我問這些人為何想要開悟時，他們的答案是不知道，或者會回應一些與自身信仰有觀的說法。然後我經常會這樣回應他們：

我警告你，不要盲目地追求開悟，因為如果你成功了，你可能會後悔。你並不知道開悟的後果是什麼，在開悟的瞬間，你的第一反應可能是什麼？你可能真的會很失望、很傷心或很生氣。

一旦你開悟了，也就是當「你（大我）」覺醒了，你會覺察到真相，然後你可能會發現一切的無意義。你可能會說：「什麼？什麼？這只是場遊戲？只是場無意義的遊戲？這樣一來，什麼都不重要了，我還有什麼好在乎的呢？」

接下來，你可能會對實相有了更清楚地認識。你會意識到，「生命」其實是沒有意義的。

是的，你聽清楚了，事實是，和其他遊戲一樣，「生命」並

沒有意義。除了你喜歡玩這場遊戲之外，遊戲本身有什麼意義？

驚訝嗎？對你而言，這可能會帶來震撼和難過，同時也可能讓你從相信自己人生具有某種意義的痛苦中解脫出來，之前你一直在往追尋意義的方向發展自我，這也是人們為何會盲目追隨宗教信仰的原因。

不，親愛的，請冷靜下來，並意識以下的事實。

無論你在生活中創造出什麼，取得什麼成就，無論你成為誰……等等，在你死後，你和你曾經做過的一切都會被遺忘、消失。

當然，我並不希望你相信我在本書中寫下的任何東西。同時，我也不希望你成為開悟者。我希望你能充分享受你的遊戲，這意味著，保持沉睡，處於全然的無意識狀態。

直到你感到自己無聊夠了之後，你可能會覺得有些事情不太對勁，你可能會因此研究自我並發現以下真相。

你已經是完美的，並不需要做任何事情來增減，然而，你可以選擇做任何一件事，因為你是自我生命的大師級創造者。

雖然人生沒有意義、沒有目的、也沒有目標，只是享受，然而你是自我生命的大師級創造者。這意味著，你可以決定你的生

活具有某種意義，你可以給它一個目的並設定目標。你也可以給自己的人生賦予一個任務，讓遊戲變得更加精彩。

何樂而不為？如果你喜歡，那就去吧！享受人生的幻象。如果你不享受生活，還能做什麼？覺得無聊？製造另一個幻境？

我建議，現在就不要讀下去了。把這本書收起來，想想看你是否真的要繼續看下去。再往下走，這本書可能會有讓你感到更震驚的內容出現，你可能會因為自我信念動搖而變得憤怒和悲傷。

如果你是所謂思想開明的人，則可能會出現相反情況。 你將建立起自己的知識，學到如何從幻相中離開、如何進出開悟之境並發覺真相。

然後，你將不會再像盲目的羊一樣追隨著他人，他人也將無法操縱你，你的奴隸生涯可能會因此結束，你將成為一個自由的人──成為一種在社會上非常危險和被社會隔離的人。現在，請將本書收起來，再重新考慮看看。

有一點很重要的是，要記住：

「生命」是心智之中的運作。物質在「生命」之中，而身體在物質之中。

從下圖中你可以看到，「生命」是心智中的一抹幻影，所以，所有物質都是存在於心智之中的影像。說得更清楚一點就是，**你的身體是在你心智之中的影像。**事實上，不僅是你的身體，所有的物質，包括宇宙，都是你心智之中的影像。

　　這張圖顯示出由「大我」創造出的心智。然而，「大我」可以創造出許多心智，因此可以創造出許多「生命體」。同時，一個心智又可以創造出許多遊戲，許多「生命體」。更有趣的是，「大我」並不受時間的限制，從理智的角度來說，它可以在不同時間中創造出「生命體」。這意味著『你（大我）』可以體驗到多個平行「生命」的樂趣。

　　為了讓這解釋更加簡單明瞭，我在下面的圖像中只展現單一心智創造出的單一生命。

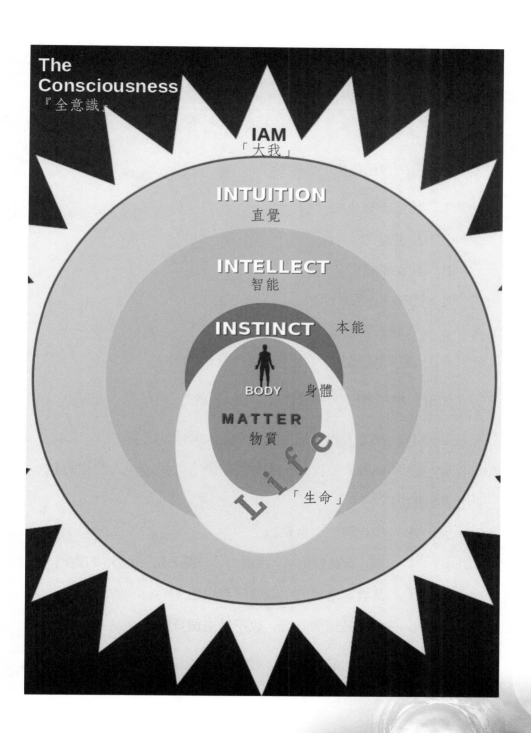

The
Consciousness
『全意識』

IAM
「大我」

INTUITION
直覺

INTELLECT
智能

INSTINCT　　本能

BODY　身體

MATTER
物質

Life

「生命」

「生命」的大師級創造者

你還會問自己這樣的問題嗎？

1‧我是什麼？

2‧我是誰？

3‧我從哪裡來？

4‧我在這裡做什麼？

5‧我要去哪裡？

6‧我不是什麼。

如果你想知道這些問題的答案，以下就是：

a‧1‧我（大我）是自我生命的大師級創造者。

a‧2‧我的（大我）選擇的名字是「大我」；人們也可以叫我其他的名字。

a‧3‧我起源於「全意識」。

a‧4‧當心智被創造後，我愛上了一種名為「生命」的遊戲。

a‧5‧其實無處可去，因為沒有場所。

a‧6‧我不是這個心智，也不是這個身體。

如果你能理解之前的解釋，我希望上述答案不會讓你感到驚

訝。然而，我想，你可能不確定「我是自我生命的大師級創造者」這句話的含意，那麼，就讓我再多解釋一點。

從邏輯上來想，你既不是你的身體，也不是你的頭腦。你的身體是一具非常精密的機器。你的心智運作這台機器和所有的物質。換句話說，「你（大我）」建造了心智這裝置，而心智創造了一切，包括整個宇宙，地球和身體。

這時代會將心智稱為「虛擬實境設備」。一旦你將這套虛擬實境裝置穿戴在自己身上時，你就會經驗到一場非常逼真的遊戲幻境。你知道這遊戲並不是真的，它只是影像。然而，如果你讓自己陷入這場如真似幻的遊戲中，你可能會忘記它只是一場遊戲、一個幻覺。 你可能會認同你在遊戲中所扮演的角色，認為那就是真實的自我。直到你冷靜下來，或是當有人將你從這場夢境／遊戲中喚醒的時候，你才會意識到自己在玩一場遊戲。

「大我」就是這樣做的，「大我」會故意忘記自己正在玩一場超級逼真的虛擬實境遊戲。為何如此？要知道，只有當你忘記自己在遊戲之中，你才可以充分享受與這場遊戲有關的所有的情緒。**請意識到「生命」就是一場情緒的遊戲**。是的，所有的情緒，尤其是與苦難相關的情緒，都是遊戲中不可或缺的，也是最有趣的部分。「大我」不願意記得自己正在玩耍，這樣「大我」才能

體驗到最大的樂趣。

　　從邏輯上進一步來想——在你的本質之中，在真正的實相之中，你就是「大我」，我將這句話簡寫為「你（大我）」。這意味著，所有存在的東西，包括時間、空間、宇宙、地球、你的身體，都是「你（大我）」的創造。

　　哇，這真是太帥了！要想創造出如此超乎想像的複雜、有趣的遊戲，「你（大我）」必須是一位非常非常有經驗的專家。「你（大我）」一定是超級不凡、超優秀的。

　　只有真正的專家才能創造出完美無瑕的東西。所以，如果我們說「你（大我）」是「生命」的創造大師時，其實並沒有誇大其辭，我們只是陳述關於「你（大我）」的事實。「你（大我）」是大師，這是事實。

　　當談論到你自己（大我）時，「你（大我）」真的可以說出這樣的事實：

　　「我的本質就是『大我』，就是我身心『生命』的大師級創造者。」如果要讓這句話聽起來更自然、更簡單，可以說：

我是自我「生命」的大師級創造者。

我是自我『生命』的大師級創造者

I am the Master Creator of my Life.

This is the most powerful mantra.

When you say it, you state the fact, the truth.

當你說出這句話的時候，
你陳述的是事實、是真相

這是最有威力的咒語

你知道「大師」是什麼意思嗎？「大師」是對於某特定領域中最具經驗、知識最淵博的高手的尊稱。換句話說，大師是在某領域之中最具資格的人，也是特定領域的知識專家，所以我們說大師是最強的。

　　藉由將「大師（Master）」這個英文字字首寫成大寫的「M」，我們可以強調出我們對於大師的尊敬。

　　大師與某種活動領域有關，涉及到特定專業性，所以你是哪個領域的大師呢？正如我在上文中提過的，這個領域就是「『生命』的創造」。你是「生命」創造領域的大師。在創造生命的領域中，沒有任何其他大師會比「你（大我）」更優秀的了，因此，「你（大我）」就是大師。這就是為什麼打從本書一開始，我就尊稱你為「大師」的原因　。

人類

　　人類是什麼？嗯，你可能已經可以大致回答這個問題了，特別是當你看過前面的圖像之後。

　　人是一個結構，它是由身體和心智兩要素所組成。身體包含兩個部分，其中一個部分是可見的和可感知的，我們稱之為物質身、肉體，或肉身。另一部分則是看不見、摸不著的，我們稱之為靈魂。

　　請看看下面兩張圖，它們解釋了什麼是人。現在的你對於「全意識」已經熟悉了，從「全意識」中出現的「大我」創造出心智，然後，心智創造「生命」。「生命」包含了所有的事物，也包括人的身體。

　　你可能不知道的是，身體是由兩部分組成的。你可以從以下這兩張圖片中看到，肉體在靈體中，所以我們可以說，肉體是靈體反應出來的形象。

　　人們通常不說「肉體」，而用「身體 」來指稱身體的物質部分。為了清楚解釋這兩種身體組成之間的關係，我會使用這兩種名詞。

不是只有人有靈體，動物、植物、石頭也有靈體。行星和其他生命體也有不可見的部分。

大多數的人看不見靈體，然而若經過充分練習後，當他們的感官會變得足夠敏感，足以感知，也就可以看到、感受到靈體的存在。

記住，人的身體是存在於人類心智中的形象。換句話說，你不是這個身體，你不是這個心智，身體與心智是你的工具。你的身體是你心智中的影像。

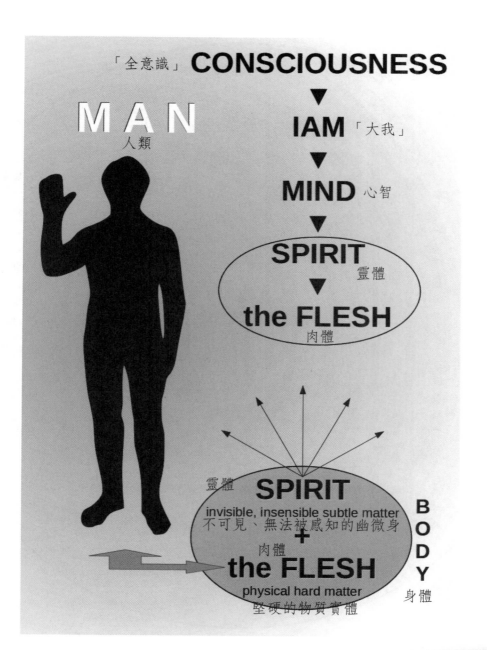

這句話暗示了什麼？這是個非常有用的概念——當你改變了心智中的自我形象，你的身體也會隨之改變。要改變形象，你需要知道本能的程式設計方法——後面我們會談得更多。

生命圈

　　「生命」有著多樣的自我表現形式。我想讓你知道的是活在「生命」之中的個體類別——我將其稱之為＜生命圈＞。

　　想瞭解生命圈，就要思考在地球上過日子的所有眾生。你可以注意到這其中包含了礦物、植物、動物、人和無形體——看不見的生命體——不管我們如何稱呼此類眾生，一般來說，人類無法感知到無形體的存在，人們需要鍛鍊自己的感官，才能感知到無形體。有時我會將「無形體」寫成「靈體」。

　　想要更進一步瞭解地球眾生的話，請看下圖。圖像中央是代表著「全意識」的原點。之前我說過，生命是由「全意識」開始向外擴展到無限。

　　礦物圈代表著最靠近「全意識」的生命圈。礦物圈包括原子和分子，多半是氣體、水和石、沙。礦物圈的特點是「存在」——礦物在這世界上存在。

　　第二個生命圈以植物世界為代表。植物的特點是「生長」。植物生長——當然，植物也在這世上存在。

　　動物代表了第三圈的生命圈。動物的特徵是「情緒」。情緒

使動物行動起來──當然，動物既存在也成長。

　　再下一個生命圈是人類世界。「思考」是人的特點。事實上，人類的主要重點是思考。人類在這世上存在、成長、體驗情緒和思考。

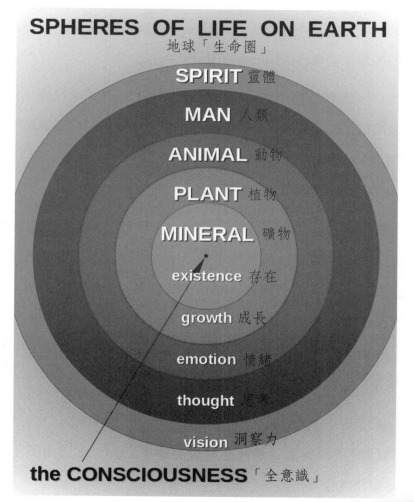

SPHERES OF LIFE ON EARTH
地球「生命圈」

SPIRIT 靈體

MAN 人類

ANIMAL 動物

PLANT 植物

MINERAL 礦物

existence 存在

growth 成長

emotion 情緒

thought 思考

vision 洞察力

the CONSCIOUSNESS「全意識」

有些地球上的生命體，並無法被人類看見與感知到。他們存在的生命圈被稱為「靈體圈」。「洞察力（vision）」是他們的主要特徵。

你認為還有更多生命圈存在嗎？確實有，雖然人們無法察覺到它們的存在。事實上，「生命」可以被擴展到無限，所以生命圈的數量也是無邊無際的。

這張圖像表現出他人口中所說的進化論。你可能已經注意到，越外圈的「生命圈」，其中的生命體表現也就會越發達或越複雜。很顯然，人類比動物更發達、更進化、更複雜。動物比植物更先進。而礦物則是地球上最基本的生命體。

礦物圈從「全意識」中直接誕生。事實上，當我們將注意力從原子轉向越來越小的次原子粒子，進而轉去注意更精微細緻的物質構造元件後，我們會接觸到某種被視為非物質的東西。科學家們給這東西取了不同的名字，比如像：乙醚（rther）、炁（qi）、元力（vril）、以太能量（orgon）、量子場、資訊場。它是心智建立能量的起點，之後才有物質的成形。

心智在「大我」之中，「大我」則由「全意識」而生，這就是為什麼在圖面上，礦物圈會最接近中心點，從這張圖上看來——礦物就像是出自「全意識」一般。

較小生命圈眾生所具有的特質，也會囊括在較大生命圈的眾生特質之中。顯然，與岩石相比，樹是更進化的生命體；與樹相比，狗是更複雜的生命體；與這些物種相比，人又是最先進的生命體。這就是為什麼，石頭只是存在，它不生長、不運動、不思考，而樹在存在的同時也會生長。狗具有存在、生長和情緒反應。人類除了具有上述特質之外，還加上思考能力。

　　至於靈體圈呢？從邏輯上來說，我們會說高度發展的靈體具有存在性、成長性、情緒反應、思考並……可以洞察，或有洞察力。

　　什麼是洞察力？長話短說，這些靈體可以輕鬆地運用直覺，就像人們的思考一樣自如。這意味著，他們並不需要思考。我希望你還記得，直覺隸屬於心智的一部分，它包含了所有的知識。當你的智能可以探入直覺領域之後，你無須發問，只需要將注意力轉向某人某事某物，就可以知道事情的答案。

　　我想讓你在這張圖中多注意一件事。看，如果生命體距離「全意識」（生命圈中心）越遠，就顯得越先進、越有活力，也就是更有生命力。比如說，人和動物顯然比水和植物更有生命力。因此，越有生命力的眾生，距離「全意識」越遠，也會離生命的本源越遠。

這張圖像上有兩個方向，一個是可以被視為繼續擴張或發展的方向，另一個是可被視為往回收縮或倒退的方向。第二個方向指的是從無窮遠處回到中心點——也就是往「全意識」方向的移動。這個方向有時會用其他的說法來表達，例如：「回歸本源」、「回家」、「回歸起源」或「與造物合一」。

很多人會追尋所謂的「自我成長」、「靈性開發」、「意識擴展」等等道途。他們可能會說，他們遵行的是一條通往自我實現、開悟、救贖等等之類的路徑，所以他們會尋找最有效的方法來實現以上心願。

如果這也是你的願望，那麼我建議你可以藉由分析上圖來找到自己的答案。你可能會因此得到結論，明白該往哪個方向走才能實現自我目標。

結論並不是往向外擴展「生命圈」，發展成為更高等生命體的方向，事實反而相反，靈性開發需要走的是往內回歸的方向。

實際上這意味著什麼？它清楚地暗示了如果你想要「回歸本源」、「回家」、「回歸起源」或「與造物合一」等等，你需要從人類圈往動物圈移動，然後再到礦物圈。

那些想要自我實現、走上開悟道路的人們要做些什麼？他們

會進行一種被我稱之為「心智訓練」的練習，這種練習還有另一個廣泛且受到歡迎的名詞——「靜坐」，所以我們可以說那些人會練習靜坐。

不管「靜坐」的定義為何，通常處於靜坐狀態時，人們通常會靜默地坐著，放鬆並深入探究自我，他們的呼吸與脈搏跳動在這過程中會自動放緩，某些具有這種技術的大師甚至可以讓他們的身體呈現出緩若死亡的狀態。

長話短說，心智練習（靜坐）會讓一個人從人類生命圈到達動物生命圈乃至植物生命圈；某些靜坐大師甚至可以進入礦物生命圈。

當你觀察上方圖像，你可以看見不同生命圈之間具有清楚的邊界，事實上，從一個生命圈到另一生命之間並沒有明確的分界點，「生命圈」的擴展更像是線性的流動，當你研究地球眾生時，你可以注意其中某些物種似乎同屬於兩種「生命圈」，就像處於邊界之上一樣。比方說，有些生命體會共同享有植物圈與動物圈的特質。

關於「生命」的進一步討論

　　吞下自己尾巴的自生蛇，是用來闡釋「生命」綿延不盡的一種古老圖譜，這個圖譜以象徵性的手法，展現出什麼樣的行為可以延續或結束「生命」。

　　自生蛇藉由吞噬自己尾巴來為身體提供食糧，維持並打造自己生命，這種行為以符碼性的方式來象徵生命的創造，因此，我們可以將它稱之為「新生」。

　　另一方面，透過吞下自己的尾巴，自生蛇結束自己的生命，這種行為以符碼性的方式象徵著身體的毀滅，我們可以將其稱之為「死亡」。

　　想像這條蛇以一種非常、非常緩慢的速度吃掉自己尾巴——這會造成什麼樣的結果？答案很簡單，食物的匱乏會讓這條蛇因為飢餓而死。反過來想，若這條蛇將自己的尾巴吃得太快時又會如何？你應該已經猜到了，蛇的尾巴會欠缺足夠的生長時間，因此自吞蛇會持續吞噬自己的身體直到死亡為止。

　　這兩個答案可以讓你得出一個結論：只有在生死平衡的狀態之下，肉體生命才得以延續。當這兩者之一表現得過於極端時，

肉體生命就會結束。

　　這就是「生命」創造與延續的原則之一，**生與死共同創造生命。**當新生和死亡達到平衡時，生命得以維持。過多的新生或過多的死亡都會終止生命的繼續。自生蛇吃下自己尾巴的圖譜代表著個體透過生與死來創造生命的原則，出生意味著個體生命的開始，而死亡則支持了個體的誕生，個體生命的週期存在於生與死之間。

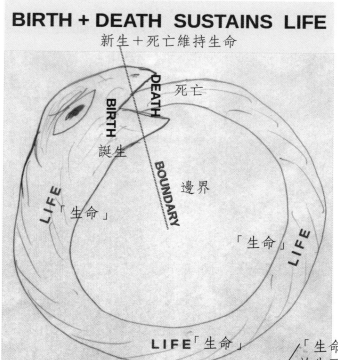

BIRTH + DEATH SUSTAINS LIFE
新生＋死亡維持生命

DEATH 死亡
BIRTH 誕生
BOUNDARY 邊界
LIFE 「生命」
LIFE 「生命」
LIFE「生命」

Life is an eternal movement in a circle,
between the boundary of birth and death.

Life is eternal when birth and death
are in continues balance.

「生命」是一種往返於生死邊界之間，永不停止的圓周運動。

當死亡與新生持續保持在平衡狀態時，「生命」就得以永恆。

換句話說，**「新生＋死亡」的整合，**在這場「生命」的遊戲中，**創造並維持著每個個體生命。**

事實上，這個生死原則不僅與飲食有關，它幾乎與生命個體在一生之中的所有作為都有關。

「生命」之中的極端

請看下面這張圖，有兩條線定義出各自不同的極端區域。 生命個體就在這兩條邊界之間過日子。生命個體對於圖面條列出的事情做得太少或過多時，他們的肉體生命就會結束。

當生命體沒有跨越過這兩條極端邊界時，肉身就會繼續存在。

實際上，要知道任何過度的作為都會削弱你的生命。當你生活中有越多事情處於平衡狀態時，你就越能讓自己在這世界上活下去。

有的人會在某些生命領域中走入極端。世界體育冠軍應該就是很好的例子。他們確實取得了非凡的成究，為此，他們受到了人們的敬佩和讚譽，但另一方面，比起那些在運動中保持平衡的人，這些世界冠軍消耗了更多體能，他們的身體將在之後出現提早耗損的現象。

每個人都有制約自我行事的某種能力。如果你在乎自己的心理和身體，我建議你不要走入極端。如果你想在某件事上達到很好的結果，你只需將自己的施展能力控制在 62% 以內，就可以達到預期成果。然而，要有系統、保持紀律、定期鍛鍊、不要放棄，不停追求直到你達到預期的結果。

　　在你生活中的任何領域，如果你可以將力度發揮持續保持在 38% 到 62% 之間，你將可以取得最好的結果。這些結果會比那些推進到能耐極限後所得到的結果，更能長久地留在你身邊。

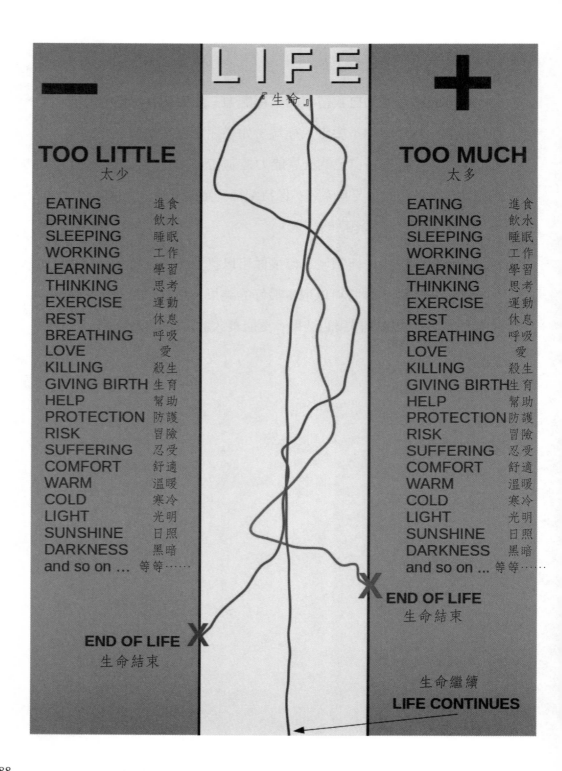

LIFE
『生命』

― TOO LITTLE
太少

EATING	進食
DRINKING	飲水
SLEEPING	睡眠
WORKING	工作
LEARNING	學習
THINKING	思考
EXERCISE	運動
REST	休息
BREATHING	呼吸
LOVE	愛
KILLING	殺生
GIVING BIRTH	生育
HELP	幫助
PROTECTION	防護
RISK	冒險
SUFFERING	忍受
COMFORT	舒適
WARM	溫暖
COLD	寒冷
LIGHT	光明
SUNSHINE	日照
DARKNESS	黑暗
and so on ...	等等……

＋ TOO MUCH
太多

EATING	進食
DRINKING	飲水
SLEEPING	睡眠
WORKING	工作
LEARNING	學習
THINKING	思考
EXERCISE	運動
REST	休息
BREATHING	呼吸
LOVE	愛
KILLING	殺生
GIVING BIRTH	生育
HELP	幫助
PROTECTION	防護
RISK	冒險
SUFFERING	忍受
COMFORT	舒適
WARM	溫暖
COLD	寒冷
LIGHT	光明
SUNSHINE	日照
DARKNESS	黑暗
and so on ...	等等……

END OF LIFE
生命結束

X END OF LIFE
生命結束

生命繼續
LIFE CONTINUES

88

變化的宇宙法則

　　宇宙中所有眾生的生命都會受到某些律則的支配。其中之一就是「變化的宇宙法則」（UPC），不管是原子、植物、人或靈體，都受制於這條法則。

　　一般來說，較內圈生命圈中的個體生命；會被用以創造或維持較外圈的生命圈中的個體生命。這些生存在較內圈生命圈之中的眾生也許會被殺死、成為食物、被毀滅或被其他生命體支解，以供較高度開發的外圈生命圈中的生命體所利用。

　　從最小物質粒子到整個宇宙都受制於 UPC 法則。這個法則導致了物質在不同形式之間的不斷轉化。

　　吞下自己尾巴的自生蛇圖譜就是被用來描述 UPC 法則的一個例子。請看看下面這張圖片，你可以看到一個由太陽和黑洞組成的物體。這張圖說明了建構在宇宙尺度之下的 UPC 法則。

　　當你抬頭看向天空時，可以看見太陽。到了晚上，你可以看見很多太陽——它們被稱為恆星。來說說我們的太陽吧！太陽是個發電體，它就像一個巨大的電火花球或發光的球體。長期以來，太陽一直在散發著能量，維繫太陽系中無數的生命。如果太陽熄

滅了，許許多多的生命都會跟著結束。

雖然太陽長期以來一直散發著如此巨大的能量，但它並沒有越來越小或轉弱，而是保持著同樣大小和健康的狀態。太陽到底是從哪裡汲取這麼多的生命能量？換句話說，太陽到底是吃了些什麼？

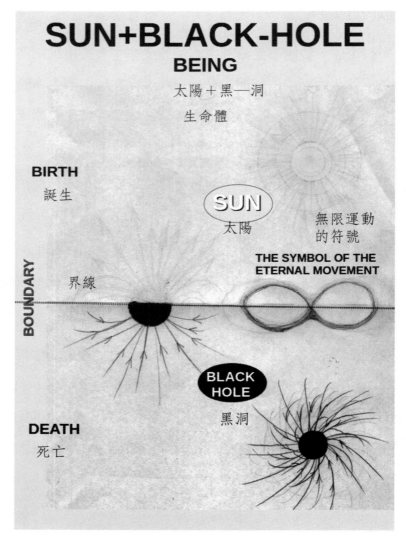

其實，當我們看著太陽的時候，我們看到的只是太陽的某一面，也就是散發能量的那一部分。我們沒有看到它的另一面，它的另一面提供了打造和維持整個太陽生命的物質。在圖中你可以看到，太陽的另一面是個黑洞。

黑洞是做什麼用的？它會吞噬吸收周遭一切物質，因此，它就像是一張巨大的嘴巴，會殺死其他生命體。這個「太陽＋黑一洞」的嘴巴為它的身體提供了生命能量和生命建構材料。因此，這個生命體的另一面向，也就是我們所說的太陽，可以釋放出物質、溫暖與光明。

「太陽＋黑一洞」就像這宇宙中的其他生命形式一樣，都受制於ＵＰＣ法則。「太陽＋黑一洞」藉由吞食其他生命體（宇宙塵埃、氣體、石頭、行星、恆星等等），將某類型的物質轉化為其他類型的物質。藉由吞食、殺死、破壞大量不同個體的生命，「太陽＋黑一洞」結構得以為整個太陽系提供物質與生命能量。

根據ＵＰＣ法則，每個生命體都具有兩面性，其中一面會破壞其他個體生命，另一面則是建立、維持自我生命並散發出能量。人類也在ＵＰＣ法則之內，所以人類與其他宇宙生命體會有著完全相同的作為。

當你看見前面兩張圖——「吞下自己尾巴的自生蛇」與「太陽＋黑一洞」，你可以看到某些相似的元素。

- 生與死之間的界線。

- 個體破壞生命的部位（被稱為「嘴巴」）。

- 建構生命的材料或能量的部分（被稱為「食物」）。

- 個體的肉身，也代表個體性命。

- 週而復始的圓周運動。

在以上的共通點之外，我還畫下了一個代表無限的符號——∞——它是守恆運動，代表著當新生與死亡處於平衡狀態下的永恆生命。

食物鏈

食物鏈是 UPC 法則的一個完美範例，因為它對於較小生命圈眾生如何被利用來支持較大生命圈的眾生，給出了很好的解釋。

在解釋下張圖之前，我想讓大家知道，每個生命體都有兩個重要的部分。一是用來滋養生命個體的部分，這部分吸收食物和能量，就像上圖中的黑洞一樣。另一部分的功能則相反，它排出物質或散發能量，就像上圖中的太陽一樣。

每個生命體都有這兩個部分，黑洞和太陽。每個生命體都具有類似上述兩者的行為，黑洞吸納、破壞、殺死其他生命體，而太陽則散發能量以供其他生命體吸收、消化。

注意，每個生命體的肉身都是一種能量結構，所以它會散發出所謂的能量，能量通常會以溫暖或光的形式表達出來。

為了能夠清楚地示意，我並沒有畫出每個生命體內的黑洞和太陽。我希望大家可以將每個生命體想像為如同上圖的 「太陽＋黑洞」結構。當然，就人類和動物而言，我們的嘴巴就是個黑洞。

現在，再看看下一張圖。

FOOD CHAIN 食物鏈

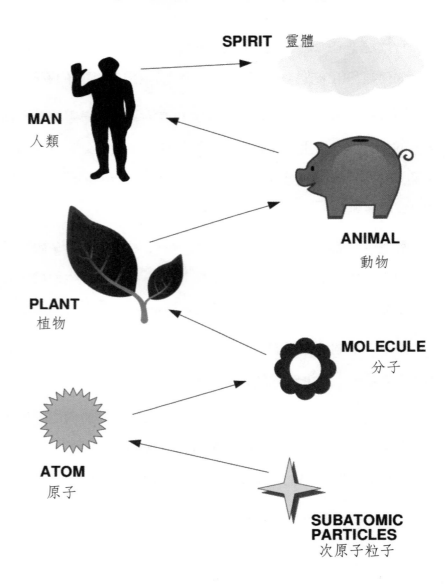

SPIRIT 靈體

MAN
人類

ANIMAL
動物

PLANT
植物

MOLECULE
分子

ATOM
原子

SUBATOMIC
PARTICLES
次原子粒子

次原子粒子被用來打造原子，原子被用來打造分子。分子被用來打造植物，植物被用來打造動物肉身，動物用來打造人類身體，人類滋養……靈體——它們以人類的生命能量為食。

什麼？你不知道靈體會以人類的生命能量為食？它們這樣做是因為它們也需要食物。靈體是無形的生命體，它們並不是由跟人體一樣的材料所打造出來的，所以它們不會吃肉，它們吃的是人類散發出來的生命能量。

圖面上的箭頭顯現出一般營養流動的方向，為了清楚起見，我並沒有再畫上更多箭頭，但你知道，比較進化的眾生可以利用所有較低階的眾生來打造身體，維持自我生命。比方像，人會消化動物、植物、分子（水、礦物質、維生素、蛋白質等）、原子（氧、氮等）和所謂的能量（光、熱等）。

要知道，為了能將更多生命建構材料提供給較進化的生命體，較低階的生命體會因此失去生命。也就是說，較低階生命體會被摧毀甚或死亡，如此一來才能將較進化的生命體肉身打造出來。好比說，兩個氫原子（HH）和一個氧原子（O）都是生命體，為了要打造出水分子（HOH），就必須先將這兩種原子嚴重破壞、摧毀、瓦解，讓它們轉成離子（H＋H＋O）。離子並不是原子，它們是原子被破壞後所留下的建構材料。當這些離子被組

合在一起，它們就形成了新的身體（HOH）。

再如，兔子吃草、胡蘿蔔等食物。這些植物先被兔子的嘴巴破壞，接著兔子的消化系統會將植物屍體進一步分解，以打造兔子的身體。

至於那些無形體，也就是我所說的「靈體」，是如何以人類生命能量為食的？這是個很大的話題，有許多可以講的，這話題可以出本厚書來談。以下我為大家做個簡短的解釋。

靈體和其他眾生一樣受制於 UPC 法則，所以會需要進食。就像其他眾生，如果靈體長時間沒有進食的話就會死亡──這是一般性的原則。

靈體吃的是非物質性的食物──當然，就人而言這些東西是非物質的，但對靈體來說則是物質性的食物。靈體需要的是其他生命體的「生命能」。稍後我們會再談談這個話題。

人類受制於ＵＰＣ法則

無論你對此有何情緒反應，我還是希望你能意識到這個事實，所以，讓我告訴你一些真相。

無論你接受與否，無論你同意與否，在你整個生命過程中，

就像其他眾生一樣，你不斷地殺戮並不斷地製造出生命。每當你吸入空氣、喝水、吃東西的時候，你就是在奪取眾生的生命。

另一方面，當你呼出空氣時、當你的身體排泄出任何東西時、當你變得情緒化時，你就是在提供食物給其他眾生。從前文解釋中，你可以歸納出這是如何發生的。

就像在這宇宙中的所有其他生命體一般，你受制於變化的宇宙法則，如果沒有不斷地殺戮和創生，你的身體就無法在這個宇宙中繼續存在，藉由殺戮和創生，你為維持宇宙生命的運動做出了貢獻。就算你想，也逃脫不了 UPC 法則。

很多人因為不想殺生，所以會遵循特定的飲食習慣；比如說，他們只吃植物性食物。他們當中某些人會認為殺死動物不好，但殺死植物和礦物可以被接受，為什麼？不同的人對此有不同的解釋。

無論那些素食者的信仰和理由是什麼，人們會基於自我判斷和情感做出飲食選擇。可能需要瞭解的是，進食行為與殺生、破壞其他生命的行為有著直接關聯。

為了可以更有意識的做出判斷，應該值得問問自己以下問題：

你是什麼以及你是誰？憑什麼你有資格來判斷和決定哪些眾

生可以被殺，成為你的食物？以及哪些眾生必須活著？

是誰或是什麼，讓你相信動物生命會比植物或礦物生命更加重要？

除了根據自我信念和由此產生的感受來進行判斷之外，有沒有其他的考量會讓你選擇結束某些生命而不是其他生命？

無論你的信念和由此產生的飲食習慣為何，我建議你沉思以上三個問題。此外，你可以看看沒有信念的大自然——這個地球上最真實的老師，它並沒有慈悲。大自然完美地教導了我們 UPC 法則。

靈體以生命能量為食

　　根據「變化的宇宙法則」，人類排放出來的東西會成為其他生命體的食物。除了排出有形物質外，人還會散發出各種看不見、摸不著的非物質性能量，包括溫度、電場、磁場和電波。我們可以在人類的氣場光譜中，看見這些散發出來的能量。

　　讓我將所有這些散發出來的東西都稱之為「能量」。它並不是物理學所定義的能量，但為了簡單起見，我使用這名詞來指稱人類、動物、植物、礦物等散發出來的所有無形的、不可見的、不可知的事物。

　　根據 UPC 法則，人類、動物、植物或礦物散發出來的能量都可以成為靈體的食物。當人受到情緒的影響時，散發出來的能量會對靈體特別有吸引力。但，並不是每一個靈體都喜歡人類所散發出來的各式能量。有些靈喜歡與快樂、愛、幸福等相關能量，其他的靈體則喜歡人類身上散發出來的恐懼、仇恨、憤怒等情緒能量。

　　你的想像力控制著能量，這意味著你的身體能量可以被你所控制。這個事實對你來說可能是最重要的。你的身體可能會因為

你的想像而被注入或失去生命能量。請看下面兩張圖片，你會看到人類發散自我生命能量、失去生命能量以及如何用自己的生命能量餵食靈體。

圖像中的「靈體以人類散發的生命能量為食」解釋了當人類對於其他生命體進行祈禱和表示敬畏時所發生的現象。崇拜神明、天使、主人、外星生物或其他生物，會讓信仰者失去生命能量。他們通常不知道這樣的修行方式是在利用個人的生命能量來餵養無形眾生。信徒們因此消耗了自己的生命能量，生命能量少了，意味著人就會變弱，身體壽命會縮短。

多數人在祈禱之後，會感覺更好。有些人懷著強大的信仰，以致於他們可以透過這樣的修行治癒自己或他人。這些人不會同意我的看法，他們會教導他人做人要有堅定的信心，多做祈禱。

然而，當他們瞭解到更多關於不可見靈體的事實，尤其是當他們可以成功地看到靈體時，他們可能會感到震驚。智慧靈體是多麼的令人感到匪夷所思，他們有著如此經驗豐富的謀略，足以讓人類將自我生命能量交付給他們。

事實上，許多無形靈體對於人類的本性非常瞭解，他們就像是心理學大師一樣。很容易欺騙人類讓人信以為真，那些靈體會利用情緒和幻象讓人們盲目相信。當人們盲目相信時，他們會迷

失方向，不知不覺中成了被靈體利用的羊群中的羊隻，然後，那些人會為了捍衛自己的信仰而準備好拼死拼活。

我建議，不要試圖拯救那些人，就讓他們這樣玩命。他們沒有做錯什麼，也沒有做什麼壞事，他們對自己的選擇很滿意。他們今生可能需要這樣的經歷，所以不要打擾他們。

SPIRITS FEED ON LIFE ENERGY EMANATED BY MAN

靈體以人類散發出來的生命能量為食

禱告、祈禱、禮拜、鞠躬、敬畏等等，會讓人類將能量送出體外，因此流失生命能量。

PRAYING, WORSHIPPING, BOWING, AWING, etc. MAKES MAN LOSE LIFE ENERGY BY SENDING IT OUT OF THE BODY

參加所謂「集體冥想」或「全球冥想」的人，也可能會流失生命能量，特別是當他們想像自己由體內傳送了些什麼出去時，比如，向宇宙傳送能量、向大師傳送愛、向某人傳送治療能量。

特別危險的做法是與所謂的「天使」打交道。當你與天使打交道時，不管是出於什麼目的，你可能已經成了他們眼中的食物菜單了。

有許多宣揚要與天使合作的網站、中心、老師，通常都在不自覺中淪為被天使操縱的工具。天使們利用這些人拉攏更多的追隨者，以讓天使們享有更多、更豐美的盛宴。

要知道多數天使其實都是靈性吸血鬼，他們很聰明，可以很容易就騙倒你，他們會讓你看見美麗光明，感受到愛，甚至他們可以療癒你。但是請記住，一旦被他們得到了你，你體內的能量就會被它們所汲取，直到死亡。日後如果你想擺脫他們，可能會非常困難，這可能會讓你感到痛苦不堪。

除了神明與天使之外，還有其他喜歡吞噬人類生命能量的不可見靈體類型。請注意，至今我已經提醒過兩次了，不可見靈體的才智和狡猾程度可能遠遠超過你的想像。他們可以利用許多狡猾的形象或故事在你面前出現，讓你立刻相信他們。

靈體用來聚集大量眾生的一種常見手法，就是創造出關於外星人指導人類，甚至保護地球的故事。看看網路——你會發現很多網站都在宣傳這種想法。團體或世界冥想、祈禱等都是那些網站中會宣傳的活動。 我見過很多人因此被洗腦並迷失在這種運動中，例如「光的工作者」，這群人相信自己是具有地球使命的。

　　而「靈體以憤怒者散發出來的生命能量為食」這張圖像，則呈現出了不同的故事。你在這張圖上看到的是當人變得憤怒、恐懼或情緒激動，出現負面或不好情緒時所發生的狀況。

　　憤怒的人通常會非常情緒化。情緒是一種爆發的生命能量，因此，情緒化的人的光環看起來就像一團火一樣。這種由身體散發出來的能量，對一些被稱為吸血鬼的無形靈體非常具有吸引力。

　　是的，吸血鬼真的存在於肉體和靈體之中。那些以靈體方式存在的吸血鬼，雖然不會吸血，但它們確實可以，同時也會吸食生命能量。

　　記住，每當你憤怒、驚恐、感到仇恨等，你的生命能量就會被釋放出去，讓吸血鬼大快朵頤。

　　你知道哪兒可以找到許多吸食人類能量的吸血鬼嗎？群體打架、喊叫、爭吵或情緒激動的地方會吸引吸血鬼的出現。這種地

方的好例子有：散播政治仇恨言論的群眾集會、體育比賽、競技場、劇院、電影院、電視節目、電腦遊戲等等。人群聚集在一起觀看暴力的地方也會吸引這些吸血鬼的靠近，或者像大型醫院等讓眾人受罪的地方，通常都對吸血鬼很有吸引力。

另一方面，教堂或寺廟裡的宗教聚會、集體祈禱、全球或集體冥想等，都會吸引所謂的神明、神靈、天使或如你所說的那些不同高靈。當然，他們的到來是為了汲取大型集會人群的生命能量。

SPIRITS FEED ON LIFE ENERGY EMANATED BY ANGRY MAN

靈體以憤怒者散發出來的生命能量為食

靈體以憤怒、憎恨、恐懼等情緒為食，將它們吸出體外，導致人們失去生命能量。

ANGER, HATRED, FRIGHT, etc. MAKES MAN LOSE LIFE ENERGY WHICH IS SUCKED OUT FROM THE BODY

自我保護

很多人告訴我，不管是神靈還是天使，他們都不願意以自身來餵養任何靈體。那些人並不願意失去自己寶貴的生命能量，相反的，他們希望能讓自己的生命能量增加，延長自我壽命。

下一次，當你發怒、開始爭吵或陷入情緒事件之中時，你可以暫時停下來，深吸一口氣、放鬆一下，問問自己，是否真的同意放棄自我生命能量來餵養吸血鬼。如果你喜歡這種能量交換，那就去吧！如果你不喜歡能量被靈體吸走，我這裡有一招可以讓你擺脫吸血鬼的技巧。

保護自己能量不被靈體吸走的方法：

- 保持對於自我情緒的警覺，避免被情緒控制自己的行為。這包含了所有的正面與負面情緒。

- 將專注力保持在自我之內，因為能量會跟著你的想像力走。

- 只要你專注在什麼身上，什麼就會跟著增長或放大。換句話說，你專注的事物會被你所驅動，你會賦予它們生命能量。

- 不要向任何生命體或事物進行祈禱、鞠躬、表現敬畏等等，因為那是種自願性的從屬行為，在這種行為中，你將自己

的生命能量自願送給了它們，你因此成了它們的所屬物或奴隸。 記住一個簡單的事實，你是自我生命的「主人」。

- 利用想像力，想像自己置身於一顆蛋形的太陽之內，就像你在下圖中所看到的那樣。如果你的蛋殼中充滿了太陽似的或像火一樣的噴發物，那麼靈體將無法進入其中，請見下圖。

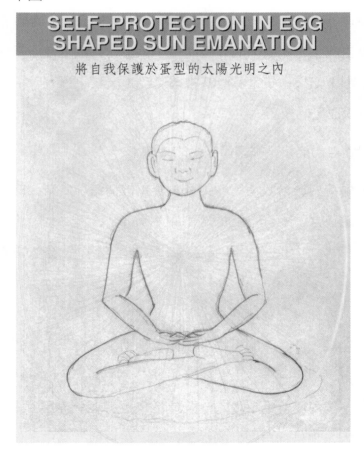

SELF–PROTECTION IN EGG SHAPED SUN EMANATION

將自我保護於蛋型的太陽光明之內

如果你的身體已經出現附靈現象的話，此類練習會顯得特別有效。根據我的觀察，多數人——尤其是生活在大城市的人，身上或多或少都有附靈。這些人並不知道這樣的靈體可以控制人類的行為。

　　如果你在做心智練習——也就是所謂的冥想時，出現某些不像你自己會有的念頭，或者腦海中有聲音出現時，那可能就是因為你身上有附靈。

　　幾乎所有具有強烈宗教信仰的人，所謂的「狂熱份子」，都會被無形靈體所控制。信仰越強，這些人的行為就越容易被附靈所控制。

　　這也就是為何狂熱份子會瘋狂傳道，說服他人追隨他們狂熱信仰的原因。附靈控制這些狂熱份子，為的是要能將更多的「食物羊」帶入靈體的羊群之中。

　　警告：正如之前我跟你說過的一樣，不要試圖教化任何一個狂熱份子，不要說服他們，如果你這樣做，他們可能會非常憤怒。他們強大的盲目會使他們不惜拼死一戰，甚至因此殺人。為了安全起見，建議你最好遠離狂熱份子，不要再往他們的「火堆裡澆油」，除非你喜歡玩冒險的遊戲。

由怒轉樂

你是自我「生命」的大師級創造者，因此，你可以為所欲為。你可以享受快樂、幸福和愛，也可以享受憤怒、仇恨和恐懼。這些都不是壞事，也不是好事，這些都是你的選擇，不管有意無意，這都是你體驗生命遊戲的選擇。

我注意到多數人都不喜歡所謂的負面情緒狀態，比如說，多數人並不喜歡讓自己置身於憤怒、仇恨或恐懼的影響下。憤怒的人在冷靜下來之後，會對自己的行為感到後悔，並感到疲憊不堪。如果他們知道如何可以避免負面情緒的爆發，就可以少受點苦。

請看看這個簡單的情緒狀態切換技巧，如下圖所示。每當你感到焦慮、憤怒、憎恨、悲傷等等情緒出現時，你可以在幾秒鐘內就將自己切換到「愛」的感受之中。換句話說，當你處於所謂的消極情緒狀態時，你可以將自己切換到所謂的積極情緒狀態，並在其中體驗快樂和「愛」。當然，首先你可能需要充分練習這個技巧。

我已經多次提及如何讓自己由負面轉為正面狀態的成功關鍵──你的生命能量會跟著你的想像力走。你專注在什麼身上，什麼就會跟著增長或放大，因此，在情緒狀態之間得以成功切換的

關鍵是在於你腦海中的想像。

讓我問你：當你感到憤怒、恐懼等情緒時，你正在專注於哪些想法和想像？你在想像些什麼？你在思考些什麼？

在這樣的時刻，你是否會想像：「我是如此的輕鬆和快樂。我感受到了『愛』。我『愛』我自己。我感覺很好。我很享受我的生活。」

或者你想的是比較沒有力量的東西，比如像，你咒罵、送出負面願望、想像某事或某人的失敗、受傷或死亡？

你的想像和想法是影響你情緒的關鍵。你越是專注在你想像的影像和想法，允許它們在你的腦海中停留的時間越久，它們對你的本能就會有越強大的影響。

本能會創造出你的情緒狀態，你的本能又會受到環境因子與自我智能（也就是你腦海中創造出來的影像與想法）的影響。你的智能可以在你本能中編寫程式，因此，你可以透過運用智能來有效地影響自我本能。

當你被負面情緒所影響時，你決定將它轉化為喜樂和愛，你必須改變你的關注焦點。**改變你思想和想像的關注焦點**——這就是關鍵。你的生命能量會跟著你的想像力走——我再重複說一次，

因為這句話非常重要。

比方說,當你生氣、發抖、脈搏變快等等時,先暫停一兩秒,意識到自己當下的狀態,然後,做一兩次或兩三次深呼吸,同時讓自己完全意識到當下的自我情緒狀態。

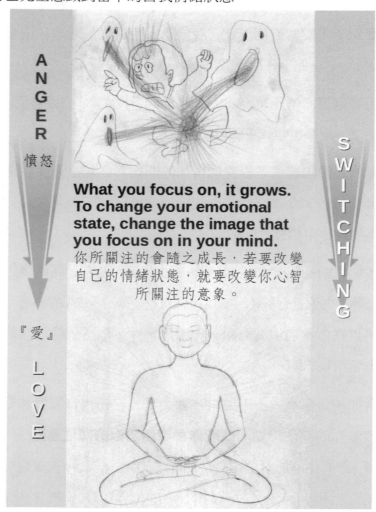

What you focus on, it grows. To change your emotional state, change the image that you focus on in your mind.
你所關注的會隨之成長,若要改變自己的情緒狀態,就要改變你心智所關注的意象。

現在，充分意識到在你智能中正在進行的活動，也就是你的想法和畫面。無論它們是什麼，都要將自我與它們分離出來──這是重要的關鍵，因為那些在自我腦海中出現的想法和畫面並不是你。

現在，想像自己是喜悅與「愛」。強化自我喜悅的影像，表現出快樂，並感到自己「愛」著自己。不管是默默地還是大聲地，都要對自己重複著這樣的話：「我是如此的快樂和開心，我『愛』我自己，我真心感到喜悅與開心，我真的全心全意『愛』著自己。」

重複這句話，直到你的負面情緒消退。繼續用這些句子說服你的本能，直到你真的自我感覺良好，情緒狀態恢復正常為止。

利用這種程式編寫技巧，你可以訓練你的本能，讓你的本能快速地從憤怒切換到「愛」。如果經過充分練習的話，以後每當你的本能反應出憤怒、驚恐、恐懼等情緒時，只要短短幾秒鐘內，你就可以將自己的感受轉換為喜悅和「愛」。這樣一來，你就不會浪費自己體內的生命能量，你的身體將受益於此，它將充滿更多的生命能量。

如果你孩子經常發脾氣、生氣的話，可以教他們這種技術。他們將可以很快學會，並終生受益。據統計，老年人需要更多練習才能熟練這一技巧。

從憤怒狀態轉為喜悅之後，你可以放輕鬆，至少從事幾分鐘的太陽蛋練習來進行自我保護，此舉可以讓周遭吸血鬼們因為欠缺食物而離開你。

「愛」

　　人們口中的「愛」其實包含了多種不同形式的情感，但這麼多不同形式的情感卻只有「愛」一詞可供描述，某些愛的形式列舉如下：

- 父母愛著自己的孩子，或反過來(孩子愛著自己的父母)；
- 神愛世人，或反過來(世人愛神)；
- 男朋友愛他的女朋友；
- 一個人愛一個地方或一個國家；
- 一個人愛吃某種食物；
- 一個人愛做某些事。

　　在這裡我想要談的是與上述情感形式不同的愛，為了要與一般的愛有所區隔，我會以英文大寫字母「L」為開頭，也就是『愛（Love）』來表示這種不同情感模式的愛。

　　這種「愛」，就像是生命體在充電過程中會出現的副產品，被生命能量補充了元氣的身體，會變得更有活力，也因此這種現象可與生命創造或元氣恢復相比擬。套句簡單的話，我們可以說：

「愛」是在生命創造過程中出現的副產品。

當生命能量出現在你體內時，你會毫無理由地感到快樂。當你經驗到這種快樂時，你注意看看自我會有的感覺，你可能會說：「即使閉上眼睛，我也能感覺到「愛」，我也可以看到『光』。」事實上，這種非常愉悅的感受就被稱為「愛」。當你的身體充滿活力時，你會感受到「愛」，你也可以看見「光」。

當生命創造在你體內發生時，首先你會感到喜悅；這種現象通常會被描述為「沒來由的、不知從哪裡出現的喜悅」，這種喜悅是體內生命能量增強的第一指標。

The process of creating life for a being is manifested by Love and Light.

創造個體生命的過程，會以「愛」與「光」的形示展現出來。

生命被創造
Life has been created.

「愛」是我們身體所感知到的
「光」是我們眼睛所見到的
Love is what the body feels.
Light is what the eyes sees.

當這個過程發生時，如果你沒有注意自己身體感受的話，你只會感到喜悅。一旦你開始注意到自己身體的時候，你就會體驗到一種非常美好的感受──「愛」。若你足够敏感，無論此時雙眼是睜是閉，你都可以見到『光』。

這兩張圖都以圖示的方式展現個體生命被創造，或是當生命能量為個體充電時的場景。

生命能量增加→喜悅出現→感受「愛」

當心智創造出「生命」時，你的身體就能感受到「愛」；就能見到「光」

**When mind creates Life,
your body can feel Love and see Light.**

**In order to consciously create Life,
focus on your Inner Joy and allow it to emanate.**
想要有意識地創造「生命」，就要專注於自我的「內在喜悅」，並允許它向外散發。

當人們提到「愛」的時候，有時會將它說成「無條件的愛」、「上帝之愛」、「普世之愛」甚至是「純潔之愛」。根據上面的描述，「愛」是當個人體內的生命能量盈滿時會出現的感受。這種「愛」與戀人們所說的那種「我愛你」有著很大的不同，它也不是父母對孩子會有的那種感受等等。

「愛」的象徵

你知道為什麼要以黃色太陽做為「愛」的象
徵嗎？以太陽系中的太陽為例，它有什麼功能？

太陽創造了太陽系的生命，它提供溫暖和光
明來維持其中所有眾生的生命。

太陽持續維持眾生性命，卻不求任何回報。你可以對太陽表
達任何感情，你可以愛它或恨它，可以用盡一切可能的情感表達
模式——這並不重要，因為無論你的行動、感情或行為如何，太
陽永遠「愛」你，沒有任何條件可以改變太陽對你的「愛」。太
陽總是無條件地將生命能量送給你，就像它對太陽系所有眾生與
任何接近它的個體所做的一樣。

以黃色太陽做為「愛」的象徵，是因為太陽有類似的特徵：

- 創造和維繫生命延續
- 無條件的散發著光明和溫暖
- 純粹的靈性
- 祥和的
- 穩定的

紅色之心象徵著「普通之愛」，這是因為
「普通之愛」真的會引動你的心臟反應，當你
「陷入情網」中的時候，你可以體驗到生理和
心中的火苗——這就是為什麼紅色會被用來象
徵「普通之愛」的原因。

　　「普通之愛」有著以下特點：

- 有條件地情感吸引、依戀和喜愛；
- 汲取你的生命能量；
- 以生理體驗為目標；
- 變動的。

　　觀察以下兩個句子，雖然講起來的時候，它倆聽來似乎一樣，
但其中有著巨大的差別。

　　請瞭解以下兩句話的**本質差異**

　　我「愛」 ⚪ 你

　　我自然而然地、無條件地將生命能量散發給你。

　　我愛 ♥ 你

　　我感到被你吸引，因此我想佔有你。

我希望從現在起，當你在使用社交通訊軟體時，可以根據自己想要表達的方式來選擇代表「普通之愛」的紅心 ♥ 或代表「愛」的太陽 ☀ 符號。

「愛」自己

「『愛』自己」——這話我估計你已經聽過很多次了，大部分的人其實並不太明白其中真正的含意，你明白嗎？有些人甚至會說「『愛』自己」是利己主義，是不道德的。很多迷失在信仰中的人，甚至會說「愛」自己是一種罪過，因為你必須先「愛」別人，先幫助別人。

我建議你：

首先，你要全然地「愛」自己，同時還要擁有自我，也就是說，要盡自己最大的能力去愛護自己。將自己放在最重要的位置上，讓自我優先於其他個體。

事實上你真的是自我生命中最重要的存在。打從出生開始，你就一直與自己形影不離，甚至連睡覺時你也一直陪伴著自己。照顧自己身體和周遭環境的人也是你，你的每個決定都影響著你的生活，你還擁有所謂的「自由意志」，這意味著在任何時候，你都可以選擇自己的想法、言語以及作為。以上總總歸納起來，

也就是說，你的人生掌控在自己的手上。

瞧，你的人生是自我管理下所得到的結果。如果你有什麼問題，也是自己創造出來的。如果你可以全然享受、體驗快樂，那也是因為你關心自己所帶來的結果。如果你認為自己的問題是由他人造成的，或者如果說你將自己生活中的每件事情都歸咎於別人，那就說明你根本不明白，自己的生活是由自我決定下的思、言和行所創造出來的結果。

「『愛』自己」的真正含意是什麼？我希望現在的你已經可以明白「普通之愛」和「愛」的區別。你也瞭解「愛」是與幫助個體的生命能量充滿有關。因此，**「『愛』自己」就是給自己身體提供充分的生命能量。**

如果你能夠為你自己的身體提供充分的生命能量，或者說，當你夠「『愛』自己」的時候，你的身體就能完美的運作下去，只要地球還在，這種完美的身體就能一直持續使用下去。用句俗話來說，也就是你將成為不死之身，直到地球無法繼續支撐生命時，你的身體才會跟著結束。

多數人從未見過充分「愛」自己的人，所以他們無法想像這樣的人會是什麼樣的狀態。人們問我，如何辨別一個人是否對自己有足夠的「愛」？

以下都是夠「愛」自己的人會表現出來的幾個特徵：

「『愛』自己」的人：

- 這種人總是喜悅的，即使他們不笑，不表現出快樂，你也能感覺到。
- 在這種人身邊的人們能感受到來自於這個人的「愛」，有的人對此會出現強烈感受，以致於淚流不止。
- 靠近這種人的人，會感覺到自己身心出現某種治療效果。
- 敏感的人會看見這種人身上散發出來的幽微之『光』。
- 大多數人遇到這種人的時候，都會喜歡上甚至愛上他們。

我再說一遍──接近一位很「愛」自己的人的時候，人們可以感受到來自這個人的「愛」。這個人可能並不認識或沒看見身邊的那些人，但他們依然能感受到這個人的「愛」。事實上，這個人並不「愛」周邊人，這個人是自我的，因此他首先會將自己照顧得無微不至。至於那些周邊人，到底是如何可以感受到來自於這個人的「愛」呢？

「首先，要『愛』自己，而非他人。」── 這點是大家對於我的教導感到難以理解之處。為了讓大家明白我的意思，我用下面兩張圖來解釋。請看下面兩張圖：「『愛』他人的同時卻不夠『愛』自己」和「對自己有充分的『愛』」。

這兩張圖使用可以讓人理解的基本符號來表示。

「愛」他人的同時卻不夠「愛」自己
INSUFFICIENTLY LOVING YOURSELF
WHILE LOVING OTHERS

your mind, 你的心智控制著體內的生命能量
it controls life energy manifestation in your body

amount of life energy
生命能量的數量

your body
你的身體

used
life
energy

用過的生命能量

When you insufficiently Love yourself
while Loving other beings,
you deplete your life energy,
but the other beings
still may not be satisfied.

在「愛」別人的同時
不夠「愛」自己，
你會耗盡自己的
生命能量，但
是其他人並
沒有因此
感到滿
足。

other beings
其他人

流動的水意味著，你的生命能量

龍頭 => 你的心智

瓶子 => 你的身體

玻璃杯 => 其他人（一般來說）

你的心智控制著你體內的生命能量——這點非常明顯，因為你的身體是你心智之中的形象。體內生命能量的多寡會根據你對自我和他人的想法和意象而定。

在這兩張圖中，可以看見水從水龍頭流進了瓶中。不同的是，在第一張圖中，部分水流向了自己，另一部分水則流向別人。在另一張圖中，所有的水都流向了自己，你應該明白我想要表達的意思。

在第一張圖中，你「愛」他人勝過「愛」自己，所以你選擇直接將自己的生命能量分享給他人。這意味著這個瓶子將永遠裝不滿水，因為你自己也在使用生命能量，所以瓶子會因此能量不足。那些玻璃杯也許代表了你的的家人、朋友及他人，你對這些人付出，也就是奉獻你的生命能量，他們可能並不會因此感到滿足，甚至會抱怨你對他們不夠關心。

大多數的親子關係，都可以透過這張圖來體現，很多父母盡其所能照顧自己的小孩，但小孩子們依然感到不滿足、不開心，

甚至會抱怨自己的父母。父母們感到受傷或難過，但他們的小孩並沒有因此變得更好，有時甚至更加的無理取鬧與跋扈。

很多夫妻、其他家庭成員或朋友之間的關係，也可以用這樣的圖像來形容，其中一方以奉獻為主，而另一方則只是索取。這種關係是病態的、有害的，除非這關係之中的某一方喜歡自我犧牲，而另一方則喜歡索取。

充分「愛」自己

SUFFICIENTLY LOVING YOURSELF

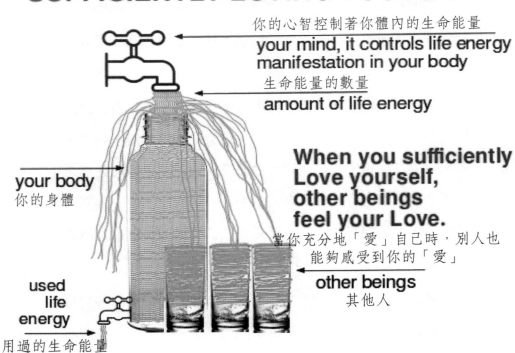

你的心智控制著你體內的生命能量
your mind, it controls life energy manifestation in your body

生命能量的數量
amount of life energy

When you sufficiently Love yourself, other beings feel your Love.

當你充分地「愛」自己時，別人也能夠感受到你的「愛」

other beings
其他人

your body
你的身體

used life energy
用過的生命能量

在第二張圖中，所有的水都流進了瓶子裡，瓶子代表著你的身體，這意味著因為你全然地「愛」自己，所以你會先將注意力放在自己身上。當你的命能量飽滿之後，奇蹟就會發生——其他人會感受到你的「愛」，同時他們也會自然而然地「愛」你、讚美並欣賞你。

當然，這並不是奇蹟，這一切都遵循著人類的物理和心理定律，換句話說，人類就是這樣被編程出來的。

請自我一點，我想要說的是，首先你得要「愛」自己，因為你就是自我生命中最重要的存在，你一定要確保你的瓶子始終是滿的，甚至滿到可以溢出來。當你充分「愛」自己的時候，他人也會因此受益。當他人見識到你對自己的「愛」，他們就可以以你為榜樣來「愛」自己。然後，他們會自然而然地在尋求幫助時停止壓榨別人的生命能量，他們將成為自給自足者。

對了，你有沒有注意到，就算不是大多數人，但有許多人都很喜歡小孩子？看看那些孩子，他們都「好可愛」。那些孩子顯然是「愛」自己的，所以，當你在他們身邊的時候，你可以感受到這種「愛」。

後來，當孩子們長大了，被社會教育（有害程式）荼毒之後，他們就不再像從前一樣可愛了。為何如此呢？主要原因是他們接

受並進行了大量的自我批判，使他們屏蔽了「愛」自己的本能。

　　「愛」自己是我們與生俱來的心智功能之一，但是你周遭環境中的人們帶給你的教育（編程），或早或晚都會障蔽掉你的這種天生本能。

最重要的人

試問自己以下問題，並想想答案。「在我這一生中，誰是最重要的人？」

你可能會有不同的答案。然而對你來說，最真實、最有利的答案是：**我自己就是最重要的那一位。**沒錯，對你來說，整個宇宙之中、從古至今，你都是自己生命之中最重要的人。

為什麼呢？

首先，

因為你總是陪著自己、感受自己，自己處理自我身心所面對的各式情境，沒有人會像你一樣給自己那麼多的關注和能量。

其次，

當你照顧好自己的時候，你可以向他人提供物質和精神上的幫助，你自己有多少才能給別人多少，你給不了他人自己所沒有的東西，因此，前提是你要自我充盈，才能給予別人。

空瓶裝不滿杯子。所以首先你需要先將瓶子裝滿。

你可以將自己想像成是一名為周遭許多商家提供貨物的批發

店老闆，很容易理解的是，為了要能將商品賣給別人，首先你得要盡可能地照顧好自己的倉庫並將它裝滿貨品，同時你也只可能提供給周遭店家你倉庫中有的貨品。

當你想給予他人精神餽贈時，也會遇到類似的情況。例如，你想提供別人某種關於喜悅與「愛」的建議時，前提是你自己內在也得擁有這些資產。

如果你要「愛」人，你就得要先充分地「愛」自己，只要你充分地「愛」自己，「愛」就能從你身上散發出來，其他人就能感受到你釋放出來的「愛」。之後，當你再將注意力放在他人身上，你就能自然而然地向那些人傳遞出強大的「愛」的電流，甚至能治療他們。

現在，你是否明白為什麼你是自我生命、乃至整個宇宙中最重要的存在了嗎？

我是自己生命之中最重要的人

「大我」供給生命能量

　　你的肉身是你心智所造的形象，因此生命能量也是源自你的心智。換句話說，你的心智創造了你的身體和生命能量。然而，你的心智只是被「你（大我）」所創造出來的工具，所以事實上，所有的生命能量都來自於「大我」。

　　心智控制著流入我們體內的生命能量，因此，心智的符號象徵其實就是一道閥門。你可以藉由這道閥門增加流入體內的生命能量。

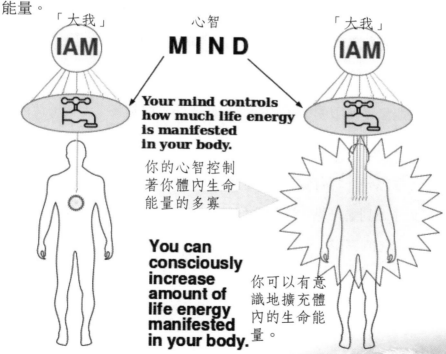

「大我」 IAM　　　心智 MIND　　　「大我」 IAM

Your mind controls how much life energy is manifested in your body.

你的心智控制著你體內生命能量的多寡

You can consciously increase amount of life energy manifested in your body.

你可以有意識地擴充體內的生命能量。

看看這張圖，在圖左方，你看到的是一般地球人的能量狀態，體內太陽（黃色圓）代表的是在整個身體之中的生命能量符碼。大多數人看起來就像這樣——我將其稱為「勉強活著」，也就是說，他們所擁有的生命能量只夠用來延續自我生命，但還不足以達到長壽、完美健康、增加心智能量等目的。

在圖面右方你看到的是體內充滿生命能量的人，這個人的內在太陽提供自己足以全面啟動身體的能量。如果這個人持續停留在這種高能狀態，他的身體就會呈現出完美的健康，與一般人相比，他的身體可以服務的時間會更長更久。的確，如果你掌握了可以讓自己身體保持充沛能量的某種技術，只要這個地球還在運轉，你的身體就能持續為你服務，你的肉身將因此不死。

「大我」提供了心智可能需要的所有能量，事實上，它所提供的能量是無限的，心智就像一個閥門，控制著「大我」傳遞給身體的生命能量多寡。

你想要學習有效控制閥門的技術嗎？其實，很多練習都可以幫助你做到這一點，讓我向你展示其中最簡單的一個練習，也就是「內在的喜悅」。

內在喜悅

當越來越多的生命能量從心智進入身體之後，你會無緣無故地感到開心，你也不知道這感受因何而來。接著，當你將注意力轉移到身體的感官感受時，你就能感受到「愛」，甚至能看到『光』，內在喜悅練習可以幫我們開發出這種天生本能。

內在喜悅練習可以採用被動或主動的方式來進行，我個人建議是視當下情況而定，但兩種都要練，如果你能透過上述兩種方法讓自己的內在喜悅散發出來，你將很快就能達到預期成效。

被動式的內在喜悅練習

多數人都會發現大自然是進行這種練習的最佳場所，練習時所有感官都要處於放鬆狀態，所以場地不宜太熱或太冷、太潮濕或太乾、不能多風、也不能有他人和異味的打擾，同時還要可以舒適地坐著。當然，如果你不太願意走入自然的話，也可以選擇任何其他場所進行練習，但要確保你的感官不會受到打擾。

多數人會發現，背部有支撐的輕鬆坐姿是最恰當的，如果躺下來練的話你可能會睡著，雖然這樣也並不是不可以，但練習會

無法完成。我會建議你在每天剛起床時進行內在喜悅練習，因為你的身體和大腦在剛起床時，處於半睡半醒狀態，這種狀態非常適合進行被動式的的內在喜悅練習，尤其在清晨時分，這個訓練將會使你起床後變得心情愉悅、精力充沛。

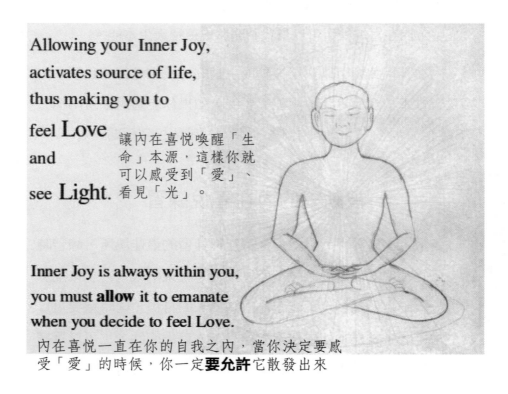

Allowing your Inner Joy,
activates source of life,
thus making you to
feel **Love**
and
see **Light**.

讓內在喜悅喚醒「生命」本源，這樣你就可以感受到「愛」、看見「光」。

Inner Joy is always within you,
you must **allow** it to emanate
when you decide to feel Love.

內在喜悅一直在你的自我之內，當你決定要感受「愛」的時候，你一定**要允許**它散發出來

無論你選擇在什麼樣地方或用哪種姿勢來練習內在喜悅，首先，要將身體深深地放鬆。你可能多少要花點時間來適當地釋放所有肌肉的緊繃狀態，如此在保持練習姿勢時才不至於感到不舒服。

　　讓自己的注意力離開感官感受。若在練習過程中，你身體某處因為受到任一感官刺激而感到不適時，你也許需要調整你的身體姿勢，或是更換練習場所。

　　抽離你的想法，放鬆你的心智，讓它們處於待機模式之中。如果你讓自己陷入念頭的創造或念念相續的干擾中，你可能就無法讓自己適當地進行內在喜悅練習。你不需要與出現在你腦海中的想法抗爭，只要任它們自生自滅，不用理會它們。你的大腦越安靜，這種練習就越容易進行。

　　當智能進入放鬆狀態，沒有任何感受能夠打擾到你的時候，你接著要更加深入自我，這並不是要你將注意焦點沉入身體之內，而是要能深度脫離你的物質實體。如果你能感受自己似乎懸浮在某個沒有時間、空間感的情境中的話，那是最好不過的了。然後，允許內在喜悅的出現。這裡所說的「允許」指的是不主動做任何事情，只是開放與靜靜地接受任何出現的現象。

　　允許並期待內在喜悅的出現。請記住，你不用創造快樂，只要被動地允許和期待。你的心智必須保持在安靜的狀態中，這意

味著你不去創造任何想法和畫面，全然地放鬆和允許，讓喜悅自顯。如果你想像喜悅，它雖然會出現，但那並不是你生命的本源，那會是另一種練習，一種主動式的能量練習。

在這種全然放鬆的狀態下，當你的感官和心智都處於被動的狀態中，或早或晚，你會注意到一些未曾被你辨識過的東西浮現了出來。其中之一就是你的生命本源。如果你不主動創造任何喜悅，如果你讓自己保持在全然放鬆且僅存期盼的狀態下，遲早有一天你將開始體會到喜悅。這可能會讓你覺得奇怪，因為那種喜悅會無緣無故地突然出現，無所從來，這就是內在的喜悅，你生命的本源。

當內在喜悅出現時，讓自己仍然保持在無為的狀態中，不要啟動心智，停留在被動狀態，並且讓內在喜悅益發自由地展現出來，讓它自然發展，你只是被動地享受這種喜悅。

當內在喜悅出現並逐漸增長時，你可以隨時將注意力轉移到身體感受上，此時會有一種非常令人振奮、愉快的感受出現——也就是「愛」，甚至還可能伴隨著「光」。這些「愛」和「光」是由「大我」透過心智；以生命能量幫身體充電過程中所出現的副產品，如我早先所言，「生命」就是這樣被創造出來的。

主動式的內在喜悅練習

請找到一個可以讓你放心地邊唱邊跳，甚或可以大聲喊叫的地方會更好。你要如何唱跳都沒有關係，不需要遵循嚴格的唱跳規矩，你要做的是表現出具有情感與活力的律動，同時唱頌出一段咒語。這也許會讓你看起來像瘋了一樣──但沒關係，某些有效果的練習就是這樣。

在瘋狂舞動的同時，請盡量大聲地唱出以下咒語：

> 我是自我「生命」的大師級創造者，
>
> 我允許自己的內在喜悅自然開展，
>
> 因此我感受到「愛」、看到「光」

就這樣——如此輕鬆。大多數人都會覺得這是個簡單練習。即使是第一次嘗試，一旦當他們開始活動起來，就可以感受到自己身體感受充滿了活力，這使他們感到快樂和幸福。在練習過程中與結束後，他們都會微笑與大笑。

我建議，在可能的狀況下，經常進行內在喜悅的練習。多數人在一開始練習內在喜悅時，會覺得沒有什麼特別的，這是很正常的現象，但我建議，請不要放棄，繼續堅持下去，如此下去，早晚有一天喜悅、「愛」和「光」都會出現。

在練習過程中，你可能會注意到內在喜悅經驗與「愛」和「光」的開展。當你初次體驗到時，可能只是一些比較淺顯的感受，但你會體認到，就是這樣！請持續修持下去，它將隨之增強，之後你將會碰到遠勝於你經驗過的最佳高潮，甚至是更加強烈和愉悅的體驗。

掌握內在喜悅可以讓人身體保持在完美的健康狀態。當你讓

生命泉源充分洋溢開展時，你會感到開心和快樂。當你處在這種強大的能量情境之中，只需要接觸他人，就可以殺死或治癒對方。在能量充沛的狀態下，你的身體不需任何消耗就可以完美地運作。事實上，內在喜悅修練是成仙的關鍵。此外，你還可以開創出某些所謂的奇蹟。

咒語

你聽過「咒語」一詞嗎？你是否唸誦過任何咒語？很多被我問到這個問題的人，會回答「有」。

然後我又問他們：

「什麼是咒語？」

「你為什麼要唸誦那個咒語？」

「唸那個咒語對你有什麼影響？」

我發現，當我問這個問題時，人們通常會變得很驚訝。他們不知道該怎麼回答。有些人說，他們用咒語進行祈禱，是因為他們宗教信仰的教導。也有人說，他們並不知道自己所唸的咒語是什麼意思，因為那是他們不懂的語言。

我接下去問：

「你為什麼要練習你不知道的東西？為什麼要唸誦你並不知道意思的句子呢？你知道這咒語對你是有害還是有益的嗎？」

你呢？你的答案是什麼？

我希望你還記得心智是怎麼回事，它是由什麼組成？以及心

智的各個部分是如何運作的？如果你忘了，我建議你回去重讀一下關於心智的章節，尤其是其中關於本能的部分。你需要瞭解它才能瞭解咒語。

咒語是智能用來編寫本能程式的一種語言技術，它可以造成某些心智功能的改變。在這種技術中，一句話要多次重複。你可以說、唱或聆聽這個咒語。如果咒語重複的次數夠多，人們就會陷入一種近似自我催眠或恍惚的狀態。在這種狀態下，心智會感到無聊，所以它將無法完全控制被植入本能內的東西。本能在語句的重複狀態中會受到很大影響，最後導致咒語被植入心智之中。

在進行咒語練習之前，你要問三個主要問題：

1. 這個咒語的具體含意是什麼？
2. 練習這個咒語的結果是什麼？
3. 這個咒語對你心智所帶來的改變是有益還是有害的？

如果你知道這些答案，並且決定要讓自己的心智發生改變，那麼咒語技術就可以派上用場。

最強大的咒語

在本書的前面，你已看過兩句最強大的咒語。

> 我是自我「生命」的大師級創造者，
>
> 我允許自己的內在喜悅自然開展，
>
> 因此我感受到「愛」、看到「光」。

讓我們在練習這個咒語之前，先回答以下三個主要問題。

a‧1‧

這個咒語關鍵詞的明確含意：

「大師級創造者」、「生命」、「允許」、「內在喜悅」、「愛」、「光」在本書前文都有解釋。如果你不記得了，我建議你回去再複習一遍。對你來說這可能是有必要的，如此你才能真正明白這咒語的含意。

a‧2‧

這個咒語會在你的本能中編寫程式，並讓你覺得自己在日常生活中更具生命創造力。它讓你知道，你就是自我生命的創造者，就如同你現在經歷到的一樣。這咒語也讓你意識到，你掌控著自我生命的創造過程。

接著，咒語的第二部分會對你的智能和本能進行編程，以讓

更多生命能量可以自然流入你的體內，如此你就可以持續體驗到
高階的生命能量狀態 。

a · 3 ·

當然，練習這個咒語可以帶來對你有益的結果。事實上，善
用這個咒語來為自己的智能和本能編寫程式，可以帶給你很多好
處。具體好處有哪些，端視你想在生活中達到什麼目的而定。某
些常見的好處包括，舉幾個例子，如：身體健康、榮華、喜悅、
快樂和長壽。

> 我是自我「生命」的大師級創造者，
> 我允許自己的內在喜悅自然開展，
> 因此我感受到「愛」、看到「光」。

將人類程式化

　　為了自己好，我會建議你一定要對心智有充分的瞭解，尤其是心智的三部分功能。你對心智功能瞭解越多，就越容易理解人類的行為。你也會見識到某些用以控制社會、操縱人們思想的法則。日後若你有需要時，將可以更輕鬆地闡釋與靈性發展或自我成長相關的心智練習。

　　關於心智如何運作的知識，一直是統治者用以控制群眾的基礎。過去並不鼓勵傳授此類訊息，而且經常會被禁止。為何如此？因為如果你對心智的運作方式瞭解越多，社會統治者就越難控制你。

　　統治者們將群眾稱為「牛」、「羊」或「奴才」，而且他們真的就是這樣看待群眾的。他們的意思是說，和統治者相比，整體社群的平均身心知識水準過低，百姓們就像牛一樣不明事理。這也是為何人們必須為統治者、主子們服務的原因。

　　讓我們學習更多關於心智的知識，這樣你就可以明白人類是如何被程式化的。為自己本能編寫程式以控制自我行為，可以使你的人生受益匪淺。你可以將他人程式化，你也可以注意到別人

是如何將你程式化的。

　　首先，舉個例子，讓我跟你說個將地球嬰兒和外星嬰兒的飲食習慣放在一起比較的小故事。

　　在地球上，當嬰兒剛出生時，他們需要喝母乳，這就是他們的食物。在寶寶們成長的過程中，他們還需要接受其他類型的食物。

　　如果嬰兒沒有得到足夠的食物，他們會不斷虛弱下去直到死亡為止。顯而易見的結論是：食物是地球人類成長和維持生命的必需品。

　　在其他星球上，當嬰兒出生時，可能也會需要喝母乳。當他們越長越大時，這些寶寶們喝下的母乳量也就越來越少，同時外星父母們並不會給這些寶寶吃其他食物。到後來，這些外星寶寶們會完全斷奶，但也沒有人會拿其他食物給他們吃。對外星寶寶們來說，這是生存的必要條件。如果強行讓外星寶寶們吃東西，他們的身體將快速地衰敗直到死去為止。地球人所說的食物，在其他星球上則被認為是毒品或藥物。

　　總之，地球人必須靠進食來維持身體機能，如果過久沒有食物可吃的時候，他們就會餓死。

而其他星球則相反，外星人不能進食。如果進食，他們就會死亡。

　　生活在地球上的人和其他星球上的人可能會有一樣的長相。如果你在街上看見外星人時，你將不會注意到彼此間有什麼區別。他們的消化道和所有器官也和地球人一樣，唯一不同點就是他們不用進食。

　　就算他們吃下什麼或喝下什麼，也是非常少量的，他們認為這就像吃藥一樣。他們用藥的目的和地球人相同，是為了獲得迷幻體驗。

　　你看，有的人不吃東西，如果吃了，他們就會死。同時也有人需要吃東西，如果不吃，他們就會死。

　　這是個顯著的差異——不是嗎？是什麼原因使不同地方的人類身體出現如此截然不同的功能？你知道原因嗎？你應該知道；如果你對心智有足夠的瞭解，你就會知道答案，這都是因為本能的差異。

　　地球人本能中有個內建程式，程式語言的寫法基本如下：

　　>>

　　為了使身體能夠正常運轉，必須適時適量地讓身體攝取被定義過的物質。

<<

某些外星人本能中有個內建程式，程式語言的寫法基本如下：

>>

為了讓身體能夠正常運轉，不可將外來物質攝入體內。（當然，空氣除外）。

<<

事實上，在這一章中，我所說的將本能程式化，不僅與飲食有關。你是否知道，本能中裝載著大量程式。有些人甚至會說：「一切都是程式」。的確，做為一個心智的程式設計師，你是地球上最強大的角色。

你的飲食習慣、身體需求，連同你的情感和情緒，都是內建程式。你的行為也是內建程式，人們所說的話，甚至連想的事也屬於內建程式，所有這些內建程式都存在於本能之中。

你從父母那裡將基礎本能程式集拷貝過來。嬰兒出生後，本能會受到周遭人事和環境影響而被程式化，這個過程貫穿人類的一生。這也是為什麼大多數人在同一環境中會出現類似的行為模式。

你越能意識到本能程式對你生活產生的影響，你就越能根據

自己的喜好來修改它。這就是為什麼我會經常強調要研究心智，尤其要研究本能，它對於一個人的一生是非常重要的。

　　要注意的是：也許你會因為對自我心智和心智編程方法還不夠瞭解而不知道此事，但其他人會知道，那些知道的人會用知識來操縱你，讓你按照他們的要求去做。要注意那些在政府、宗教和許多不同機構背後的人、那些希望你跟隨他們的人，他們會以心智編程技術來影響你的本能，舉凡廣告學、心理學、社會學等方法都會被用來影響你的選擇和決定。

信念如牢籠上的柵欄
BELIEFS ARE LIKE BARS IN A CAGE

When you are behind the bars (beliefs),
you cannot experience the outside world
(knowledge and truth).
Only after you free yourself,
you will be able to explore it.

當你躲在柵欄（信念）後面，你就不能體驗到外面世界（知識和真理）。只有自由之後，你才可能對這個世界進行探索。

操縱者統治著人民的生活，領導一群所謂的「羊」。操縱者非常聰明，他們的作為很有效率。大多數人都不知道自己被統治者所操控，他們可以讓你準備為自我信念奮戰至死，但其實在一開始，是這些統治者將你編程，讓你相信他們要你相信的事情，並對這些信念產生行動。你永遠不會意識到這個事實，直到你學會完整的心智程式編輯秘密為止。

為什麼大多數人都會不自覺地支持操縱者呢？即使許多人都對自己的生活不滿意也感到不快樂，但即使抱怨，他們的行為仍完全按照統治者（操縱者）的想法行事。

主要原因是因為人們的學習量不夠，所以他們無法知道，也因此他們會依賴自己的信念。人們將自己的生活建立在信念之上，而不是在知識之上。多數人會抗拒改變自己的信念，有些人甚至為了自我信念可以不惜一死。

這就是操縱者如何抓住你的關鍵——他們讓你去相信。他們知道只要你相信之後，用不着強迫你，你就會遵從信念來完成他們要你去做的事情。

破除信念

　　本章是專門為那些決心要重塑自我本能，讓自己免於受控的讀者們所寫的。如果你想要繼續堅守自我信念，請跳過本章。如果你決定要擺脫自我信念，你可以進行以下兩種練習。

It is easier to cut the bars with your teeth than get rid of your beliefs.

用牙齒去咬開欄杆會比擺脫自我信念容易得多。

我覺得應該要給你以下警告：當自我信念解放得越多時，你也就越與社會制度及統治者們的想法格格不入。此外，很多人可能會不再喜歡你，因為你將成為所謂的「黑羊」。多數人其實並不想知道真相，他們更願意按照自我信念來過日子，甚至捍衛自己的地位。其中部分原因是由於他們在面對改變時會有種內在的恐懼。

怎樣才能擺脫自我信念？第一步，就是要察覺出自己具有的信念，甚至當中還有很多可能是連你自己都沒有意識過的，因為你自認這些信念是你的知識。大多數人並沒有意識到幾乎所有自以為是的知識，其實都是信念。因此，在剛開始踏上這個解放之旅時，為了要找出自己具有哪些信念，你得讓自己將注意力放在自己與他人身上。一般來說，要指出別人的信念會比較容易，現在就讓我們就來做做看。

信念練習 1

和家人、朋友一起進行這個練習，對你來說可能會更容易。

在交談過程中仔細聆聽，當別人發表任何言論的時候，詢問對方以下問題：

「這是你相信的還是你知道的？」

或

「這是你的知識還是你的信念？」

如果他們的回答是這是他們的知識，就接著繼續問他們：

「你是怎麼知道的？」

或

「你是如何獲得／建立這種知識的？」

現在，聽聽他們解釋這說法是如何成為他的自我知識的。很多人會說，他們是在書上或網路上看到的、從電視上看來的、值得信任的第三方告訴他們的、或這是他們經過邏輯推敲所得出的結論。然後你就會知道，這是他們所相信的說法，而不是他們所具有的知識。

要注意的是，當你一直詢問人們是否知道或相信某個說法時，你可能會惹毛他們。我建議你不要用這種問題來詢問老師，以免自找麻煩，因為有些老師會討厭拿聰明問題來發問的學生。除此之外，當你向權威人士提出這種問題之前，要先經過深思熟慮——這些人並不喜歡被他人視為是知識不足的人。

你也可以在社群媒體、網站論壇或聊天室中詢問以上問題做為練習，尤其可以去請教那些正在說教的人。不過，如果他們很快就將你拉黑的話，你其實無須追究到底是什麼原因讓你被對方從名單中踢除。

老師、權威、上師、牧師、政客、大師和其他有信眾追隨的人物，這些人都不喜歡如此被質疑，因為這會暴露出他們知識上的不足。他們是這星球上散佈信念和混淆視聽的主要角色。大多數的時候，他們會根據自己的信念，而不是根據自己的知識來說話／教學，換句話說，他們根本不知道自己在說些／教些什麼。

信念練習 2

緊盯著自己的想法和說法。在思考或說話時，插入一個、兩個或三個以下詞語：「信息」、「相信／懷疑」、「知道」。通常當我們在說話的時候，並不會用到上述詞彙。你可能會覺得很奇怪，也可能搞不清楚應該如何將它們插入句子之中。沒關係，只要練習就可以了。 像這樣有意識的說話，可以讓你意識到自己有哪些信念、有哪些懷疑，以及哪些才是你真正知道的事。

下面是一些練習的例句。

「從天氣預報資料中，我得知今晚會下雨。」

「我知道早上喝咖啡會讓我在下午昏昏欲睡。」「根據科學書籍資料，我對於地球人是宇宙中唯一智慧生命體的說法感到懷疑。」

「我不知道自己到底知道些什麼，但我懷疑自己所具有的知識是否足以讓我好好過日子，所以我會去相信某些可以引起我共鳴的資訊。」「我相信，自己能夠記住在本書中讀過的多數資料。」

做過上述兩種練習之後，你看待他人的方式和看待資訊來源的角度，將會與以往大相逕庭。同時這也會讓你更加清楚地意識到，幾乎沒有什麼資訊是肯定不會出錯的，如果你選擇要依賴什麼資訊的話，最好是依賴自己的知識，而不是別人希望你相信的說法。

文明週期

在現代人類文明出現之前，地球上存在過許多其他高等文明。這些過往文明都是在自我科技發展到鼎盛時，毀滅於自我之手。當代人類文明與以往高等文明相比，其實並沒有什麼太大的區別。我認為將可以再次預見，現在這個人類文明也會走向自我毀滅。

地球文明之所以會在科技發展到頂峰時期出現自我毀滅，是因為隨著科技的發展，人類的心智力量也在退化之中。

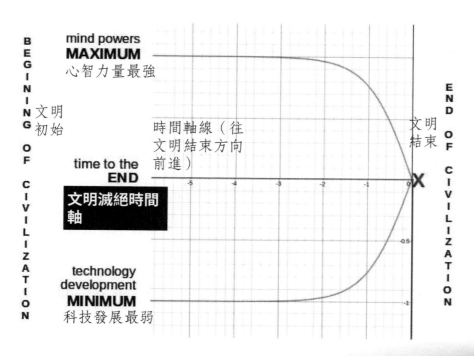

這是個非常重要的歷史教訓，讓我再說一次：曾在地球上出現過的所有高等文明，都是只要科技越發達，心智能力就會變得越低下。

　　請看看這個示意圖。文明初期的人類，心智能力處於頂峰狀態，但他們沒有科技，我們將那些人視為是「原始人」。這些原始人的科技是落後沒錯，但他們卻擁有比我們高出甚多的心智能力。

　　如果你碰上這些來自於文明初始時期的人類，他們會認為你其實極其落伍，你則會將他們視為是有能力創造奇蹟的人。例如，雖然你在地球的另一端，但他們卻可以清楚地知道你的想法和感受。試想一下，最先進的手機在他們眼中會是多麼原始。他們會想，你為什麼要用這種有害、具有限制性的東西來與人交流呢？

　　隨著時間的流逝，當人們使用的科技越來越多之後，他們的心智能力會隨之退化。這是眾所周知的現象，當我們有什麼器官或能力使用率越來越低時，它們就會退化。

　　人們對科技的依賴越多，心智力量與自我能力也就越往後倒退。人們與自然界的距離越來越遠，同時建造出被我們稱之為城市（但後來成了地球地獄）的人工棲地。科技，尤其是所謂的「人工智能」取代了越來越多的人類思考，這現象造成無可避免的災

難。人工智能，遲早會開始將人類視為是無法與之兼容、不合宜的有機體，並將開始謀劃如何滅絕人類物種。

毀滅人類的不僅僅是人工智能，還有其他幾個因素也會導致文明的徹底毀滅，比如像世界大戰期間使用的武器，或是水、空氣、土壤的污染，或是人為的大規模流行疾病。

其實這也是個龐大的話題，等我們真正見面了之後再談吧！現在，我建議大家要有節制性地使用電子產品，並讓自己待在大自然中。

照顧好自己

　　請看看下圖，這張圖像總結了至今為止本書的所有內容，同時也介紹了接下來要我要談論的議題。黑色背景仍然代表著「全意識」，「大我」出自「全意識」並創造了心智，心智創造出「生命」，而「生命」則含納了所有物質。你的身體就是整體物質中最為重要的一個部分。

　　為了提醒你，同樣也為了要能說得更加精確，我要強調——心智、「生命」和物質的橢圓應該要畫在「大我」之內，就像我在前面的示意圖中畫的一樣。但，如果是用同心橢圓來表現的話，這張圖面會顯得太擁擠，所以我決定用不同的方式來表達。我希望你能記住，心智是在「大我」之內被創造出來，然後「生命」是在心智之內被創造出來。

　　我們來看看新的話題，「身體關懷」和「心智關懷」，我們將在下一章中介紹這兩個議題。正如章名所暗示的一樣，這兩者涉及到對於身體和心智的適當照顧。你可以藉由適當支持身心運作的練習，來達到這個訴求。

　　當你透過某些練習，適當地照顧好自我身心時，你就是正在

進行所謂的 「有意識的自我發展」。換言之，可以說你正走在一條自我成長之路。有些人可能會說：這是種「意識擴展」的體系。

　　無論你把它叫做什麼，透過身心練習，你會取得一些結果，包括開悟、自然喜悅、完美健康、不朽和食氣。

　　外界有許許多多「開展自覺」的系統。其中一些訓練系統已廣為人知，例如瑜伽、道家、蘇菲教派、佛法——請不要將它們與同名的宗教混為一談。這些都提倡身心訓練的修行體系。

心智關懷

在這一章中，我會說明一些非常有益的心智練習，它們是：WSW 自我分析、視覺成像、靜受默觀和消除阻礙內在喜悅的層層障礙。

WSW 自我分析

你有沒有碰過悔不當初但卻為時已晚的經驗？你可能對自己這樣說過：「早知如此，當初我就不會這樣決定」。我想你跟我與其他人都一樣，應該都有過這種經歷。

有個方法可以讓你提前發現，到底是什麼原因讓你想要做出某個特定決定。一般來說，當你找到了形成這決定的根本成因之後，你就會放下這個決定。這是因為你可以因此更清楚地意識到這決定是否值得，以及它可能會導致什麼樣的結果。

有一種有效的技術，可以用來幫助你找出更多關於自我決定傾向的根本成因。事實上，這是種深度的自我心理分析技術，你可以藉由自問以下兩個問題之一來進行練習。

「為什麼（Why）？」

「那又怎樣（So What）？」

這就是為什麼我會將這技術稱為「WSW 自我分析」的原因。

也許是因為對於可能出現的結果感到害怕，有時你會不知道該怎樣做決定，你可能會問自己以下問題：

「我真的得要做這件事或那件事嗎？」「如果我選擇這樣做或那樣做呢？」「我不知道該怎麼做，也不知道是否我得對它做些什麼比較好。」

每當你做出什麼決定時，並不代表你一定得按照這個決定去做。在很多情況下，你可以什麼都不做就直接放棄。WSW 自我分析法可以讓你找出每個決定的根本動機，然後你可以評估看看是放棄還是繼續下去會對自己更有好處。

下面是如何實際進行 WSW 自我分析的方法。首先，拿出一大張紙，尺寸不要小於 A2。

1・在那張紙面上寫下你的決定。

2・自問：「為什麼……？」編號為 Q1

將答案寫下來，可能你只有一個或有多個答案，將它們都寫下來。假設你有四個答案，分別將它們編號為：A1、A2、A3、

A4。

3‧接著問每個答案：「為什麼……？」並將它們編號為 Q11、Q21、Q31、Q41。

寫下答案，模式與上面相同。

繼續這個過程。當「為什麼……？」這問題被問到無法繼續下去、不合邏輯時，你就可以理解到這個練習的意思。在這種情況下，接著自問「那又怎樣？」這問題是自我分析的重要關鍵點。

請不要回應「那又怎樣？」因為它是你對自我本能的提問。**每當你向自我本能提出問題時，你要將注意力放在自我感受上，**不要去思考這問題該如何回答，因為這樣會帶出來自理智運作的答案。

「為什麼……？」是對智能提出的問題，對於這類問題你需要先思考後作答。「那又怎樣？」則是針對本能的發問，提問後你需要直觀地自我感受，不要有任何思考。

> 為什麼……？ → 思考　　那又怎樣？ → 感受

繼續自我分析下去，直到你無法繼續問「為什麼……？」下去為止。你從「為什麼……？」這問題中得到的答案越多，你就

越能意識到與這決定有關的考量是什麼，你將察覺到一些自己一開始並沒有意識到的想法。

當「那又怎樣？」問題讓你感受到有越來越多的本能反應出現時，你就越能深入地瞭解自我和辨識那些自己沒有意識到的想法。你可能會懷疑自己怎麼會有那些潛意識的反應出現。

根據我從學生那裡得到的回應，大多數進行過 WSW 自我分析的人，會放棄他們一開始想做出的決定。他們也向我報告這種自我分析對他們而言是多麼精彩的一課。他們將其稱之為「進階版自我心理分析和自我修復技術」。事實上，WSW 自我分析真的會是你在自我意識發展道路上可以使用的強大工具。

請看看下面 WSW 自我分析如何進行的例子。這只是從尺寸大於本書數倍的紙張中謄出的小部分問答，如果你需要的話，這應該可以讓你對於如何進行這個練習有點概念。

事實上，這篇自我分析的測試者後來放棄了她的「減肥」決定。其中最重要的一點是她意識到因為社會對她的教育，讓她自信心不足。從這次的自我分析中，她得出了一個結論，那就是將注意力放在愛自己身上其實會更有好處。事實上，由於自我意識的成長，後來她確實也自然而然地瘦了下來。

WSW 自我分析被設計為一套可以自我進行的練習，有時，你可以將這技術套用在他人身上，尤其是身邊的親人或好朋友。由你發問；他們回答並寫出答案。這是你時不時可以用來幫助他人，解決他人問題的方法。

我決定要減肥，為什麼我要下這個決定？

問答系列一：

A1　　為了要讓別人更喜歡我。

Q1　　為什麼我要讓別人更喜歡我？

A12　　當我知道人們喜歡我的時候，我的心情會好一些。

Q12　　我為什麼要在乎別人對我的好感？

A13　　別人對我的評價會決定我的心情。

Q13　　為什麼我的心情會受到別人對我評價的影響？

A14　　我的自信心不夠。

Q14　　為什麼我的自信心這麼低？

……等等。

問答系列二：

A21　　這樣 X 會覺得我比較有魅力，他就會喜歡我。

Q21　　我為什麼要在乎 X 喜不喜歡我？

A22　因為我愛他。

Q22　那又怎樣？

問答系列三：

A31　這樣可以讓我改善自己的身材。

Q31　我為什麼想要改善我的身材？

A32　因為這樣我會覺得自己更好，更有魅力。

Q32　為什麼我想讓自己變得更有魅力？

A33　因為這樣別人會更喜歡我。

Q33　為什麼我想讓別人更喜歡我？

A34　其實我更在乎 X 的看法，希望他覺得我有吸引力。

Q34　為什麼我要在乎 X 的看法？

……等等。

問答系列四：

A41　這樣我就可以省下飯錢。

Q41　為什麼我要節省飯錢？

A42　我覺得我的錢太少了。

Q42　我為什麼想讓自己更有錢？

A43　這會讓我覺得更有安全感。

Q43　為什麼我在經濟上沒有安全感？

A44　我怕自己沒錢過日子。

Q44　為什麼你會害怕沒錢過日子？

A45　那會讓我活在窮困之中。

Q45　那又怎樣？

視覺成像

我想大家對於「視覺成像」應該已經不陌生了，你可能也做過某些相關練習。事實上，人們給這技術取過許許多多不同的名字。在這些不同名義之下也出現了各式不同的教學，包括書籍、錄影和研討會。

某些視覺成像練習者抱怨結果不如預期，也就是說，練習成果並不像宣傳吹噓得那樣。我可以理解為什麼許多視覺成像技術無法帶出預期成效——因為練習者錯過了一些要領，我的意思是，他們並沒有充分發揮或全面性地好好實踐這項技術。

二十世紀末前後，我決定前往十一個亞洲國家旅行。當時的

我並沒有足夠預算，但我利用視覺成像技術讓這個計畫得以成真。長話短說，一年後，我回到國內，期間走訪了 11 個國家，賺到比我之前工作十四年更多的錢。如果我在旅行期間沒有運用視覺成像技術，我不可能取得如此奇蹟式的成效。

後來我也將視覺成像技術運用在我的生活中，比如說，我在只有一成自備款時，買下了一輛新車和一棟房子。我也曾經運用這個技術在十幾分鐘內治好了我的身體。透過視覺成像的方法，我取得了會被人們認為是奇蹟的許多成就。當你充分理解了心智的運作方法時，你就不會相信奇蹟，因為你自己就可以設計出諸如視覺成像等可以展現奇蹟的技術。

下表總結出視覺成像的成功關鍵點。這是我根據自我知識推敲出來的說明方法。我確定這些步驟是有用的，同時它們也讓我達成了視覺成像練習想要獲得的最終目標。

1. 製作出一張清晰、逼真、生動的圖像或影片，並讓你所有的感知都參與其中。
2. 想像最終目標就出現在當下；此刻此處。
3. 想像最終目標已經實現。
4. 知道這就是你當下的全部實相，如果單靠信念可能會效果不彰。

　　想要讓視覺成像技術達到預期效果，也就是所謂的「最終目標」，你需要適當運作自我心智，其中有五點必要條件需要被滿足。如果你能妥善執行這五個要點，你想達成的最終視覺成像目標就可以被實現。

　　首先要注意的是；視覺成像是會成真的，也就是說如果你有好好做視覺成像練習的話，最終目標就會實現。為何要注意這一點呢？因為當最終目標實現之後，你可能會發現有其他意想不到的情況伴隨而來。如果你不喜歡這些情況時又該如何？你可能會感到後悔，但為時已晚。我建議，一定要先三思而後行，確保你真的已經準備好要經驗視覺成像練習帶來的最終目標及相關情況。

　　我建議你要好好觀想以下關於視覺成像練習的五點說明，這

樣你就可以妥善地執行它們。只有當你能夠好好地執行下述要領之後，視覺成像的最終目標才能實現。如果你沒有適當執行以下要點的話，視覺成像可能會出現不同於想像的結果，或者最終預期成果要拖到日後才得以實現，甚或可能根本就不會出現。

第1點

你必須要很確定什麼是你的最終目標，這並不意味著你要設想出所有的細節。只要想像出最終結果中對你來說很重要的那些特質，捨棄其他不相干的部分，因為這些部分將會自動調整到適合的狀態。

例如，如果你的最終目標是想要擁有一輛嶄新的豪華名車，你可能並不是很在意它的顏色──那就不要想像顏色。如果品牌對你來說很重要，就將品牌想像清楚。

你的最終目標形象應該要從頭貫徹到尾，這就是為什麼你應該在視覺成像練習開始之前，真的想清楚自己到底要的是什麼。

非常重要的提示──所有的身體感受都要融入你的視覺成像練習之中。這意味著什麼？你不僅僅要想像最終目標的外相，還要想像你的感官在最終情境中的感受。讓我們繼續以豪華名車為例。

1． 視覺──你看見自己開著這輛車，家人坐在車中，你注意

到他們開心的表情。看看旅途中你沿路看到了什麼。

2． 聽覺——當你發動引擎時，你聽見了引擎的聲音，你還聽見家人說：「這座椅好舒服，車子跑得好流暢！」

「你真的做到了，我還是不敢相信，這一定是個巧合。」

3． 觸覺——你感受到車內的溫度，體驗到手握方向盤以及觸碰車體光滑內裝的美好感受。

4． 嗅覺——想像坐在車子裡面時，車內新鮮空氣的味道。你嗅到了媽媽正在你的後座吃水果。

5． 味覺——想像你如何親吻甚至舔著你的方向盤—因為太高興了。你的孩子還問你：「味道如何？」。

這些感受越逼真，就越能實現你的終極目標。盡可能讓你的五感多多參與其中。利用你的想像力，越多越好。

盡可能地創造出栩栩如生的想像畫面。實際上，這個畫面應該是在你腦海中所播放的影片，而不是靜態的畫面。你讓這片子如此逼真，所有感覺都完全融入其中，這樣一來當你閉上眼睛時，你會看見它宛如是你生活中的真實場景一般。

第2點

當你製作出這部逼真影片時，所有的畫面都必須是現在進行式，並在此處發生。如果你將它設想為未來情境，它將永遠不會

發生。未來並不存在於真實之中，未來只存在於想像之內，你永遠都不在未來之中。因此，如果你將目標設定為要在未來實現時，你將永遠得不到它，因為你只能一直存在於此刻、當下。「現在，在這裡，我開著我的嶄新新豪華名車。」

第3點

宛如真實般地想像著自己的視覺成像終極目標已經實現，就在當下成了真 。現在，你已經是你車子的主人而且駕駛著它，所有一切都已經實現了。

第4點

有人問我：「我明明就知道這不是真的，怎可能『知道』這就是我當下的真實呢？」以及「我是否應該要要欺騙自己？」我的回答是，是的，你必須要欺騙自己。其實，要被欺騙的不是你，'而是你的本能。準確地來說，本能並不是被欺騙，而是用這方法將本能程式化，以製造並展現修改成真的實相。

你是怎麼知道的？我是說，你是如何可以知道某些事情的？

這都與你的感官有關。你的感官感知到的數據創造出你的現實。當你的感官告訴你某樣東西時，你就知道它了。如果你看到、摸到、聞到、聽到一輛車，但你不相信這輛車會在你現實中存在

的話，嗯，這個想法就會成為你的一個事實。

這就是關鍵，這就是我在第1點中堅持要你深深投入所有身心感受的原因，因為一旦所有的感官運作都充分參與其中之後，你的本能程式就會被修正以維持這場改編過的實相，本能會自動運作這個實相。當你的本能可以自動運作實相之後，無須經過你的干涉，所有的感官都會將這實相認知為真。

請你回想一下我在前文中曾經提及過的心智，尤其是關於本能的部分。所有事物，包括你的身體，都是在你心智之中存在的形像。換句話說，你的心智會製造出你日常實相中的感知。

第5點

以上四點都與想像情境有關。第5點，強調的是生命能量的需求。根據物理定律，要製造出實相，需要有形象（一個程式）和能量。你可以管理自己的生命能量，利用它來完成視覺成像練習。

實際上這意味著，當你將擬真情境準備好以後，也可以說，當你已經完全完成上述四個要點之後，你需要製造出更多的生命能量，並將生命能量與這擬真情境整合在一起。你該如何做呢？方法有兩種。

方法一，在視覺成像觀想的初期，讓自己處於情緒高張的狀態中。你能經驗的情緒情境越多，你身體所散發出來的生命能量也就越多。

　　要確保這種情緒刺激是來自於內在喜悅或「愛」。如果你利用憤怒的情緒，可能會無法控制場景。如果你無法控制場景，可能會嚴重影響最終目標，並產生出你並不想要的結果。

　　當你處於強烈情緒狀態中，也許是因為受到喜悅或「愛」的影響而哭泣時，請將這能量帶入你的擬真想像情境之中，並專注於此。

　　第二種方法則與第一種相反。一開始你要製造出某種擬真情境，接著讓自己進入情緒高昂的狀態中。

　　我建議以上這兩種方法你都要試著去練習看看，之後再選擇對你較為有效的方法。

　　為了達到最高效率，也為了能在最短時間內達到最終目標，你應該從清醒的那一瞬間起，直入睡前，都讓自己一直保持在視覺成像觀想練習之中。我主要想說的是，在你智能中對於視覺成像最終目標的想像和思考要一直維持不變。

　　有些人會犯下嚴重錯誤，只在特定視覺成像練習時間進行視

覺成像觀想，但在觀想練習時間過後，最終目標的影像卻往往會發生變化。比如說。喬正在練習視覺成像，觀想自己的身體有著完美的健康，但當別人問起起他的健康時，喬卻抱怨並描述了自己的健康問題。此時喬的行為違背了視覺成像觀想法則，並會因此破壞他在此練習期間所取得的成果。

請在腦海中一直持續保持住你的最終觀想目標，甚至當他人問起時，也要將你想像中已經達到的情境成果描述給他們聽。如果你不想讓他們認為你是在騙人，你可以說你正在進行視覺成像觀想練習，同時你不希望對自己的願景造成負面影響。

順道一提，當你在開玩笑的時候，不要改變你最終目標成果的情境。本能不會思考，所以它無法分辨你是認真還是開玩笑的。

我建議，在一般情況下，每當你與人交流時，不管是口語對話、網絡聊天，還是論壇討論，千萬不要貶低自我形象。因為你的本能真的無法思考，它無法判斷或分辨你是認真還是開玩笑的。你的溝通若越情緒化，就越會影響／程式化你的本能。

有些人在開玩笑的時候，會這樣說：「……我很笨……」，「……我看起來很老／醜……」，「……這都是我的錯……」，「……你可以怪我……」等等。即使你的表情不認真，別人也明白你不是真的這樣想的，但你的本能會根據你的表述進行編程，

請注意這個事實。

相反的，我建議你，要用正面敘述來表列自己，哪怕你自己並不相信。告訴別人你——「很聰明」、「最棒」、「漂亮」、「年輕」、「非常健康」、「受人愛戴」等等，這將會使你的本能進行所謂的正面編程。

開悟

我想，這個詞彙大家應該已經聽過多次。人們賦予了這個詞彙好幾種含意。以下是我對這個詞彙的個人定義：

> 開悟是一種心智狀態，在這種狀態下，智能會呈現出某種澄澈透明性並具有被動收訊特質，可以直接從直覺領域中接收資訊。<

開悟可以被啟動或關閉，它是人類與生俱來的某種心智能力。

你可能還記得，在心智功能這一章中，我說過直覺就像知識的倉庫，換句話說，「你（大我）」其實無所不知。在正常情況下，由於智能忙著運作自我程序，使得它無法登入直覺，因此智能只能知道存放在記憶庫之內的資訊。

當你出生時，你的智能處於相當被動的狀態，當時它並沒有

什麼處理能力，這意味著此時的智能幾乎沒有任何思想。你的智能在剛出生時並不忙於思考，它是透明的，所以它可以看見所有的知識。

讓我給你講個故事。想像你自己處在一個完全黑暗，漆黑到連自己鼻子都看不見的地方。你想回家，但在這完全的黑暗之中，你看不見道路。你可能相信這條或那條路可以帶你回去，所以你開始走，然後你因為一個看不見的坑洞或物體而跌倒，也許因此傷了自己。「嗯，不是這條路，也許是這裡？」……你不停嘗試著，但找到回家之路的機會似乎遙遙無期。

然後你意識到解決辦法，你口袋裡有個手電筒，你將它拿出來，打開電源，燈光出現了。「現在有光了，我可以清楚地看到道路，我可以安全地走下去，我知道回家的路了。」

在這個故事中，黑暗象徵著「相信」，光明象徵著「知道」。的確，生活就是這樣，當你跟著自己的信念走時，很容易跌跌撞撞傷到自己。當你隨自己的知識走時，就可以在道途上安然無恙。

你可能曾在古書與畫作中，看過以下這些值得讓人記住的詞彙或符碼。

> 黑暗＝相信或信念；光明＝知道或知識

讓我們分析一下「開悟」這個英文字

en － light － en － ment

en ＝在……之中（in）（希臘語）或**地方**。

light ＝**光**（字根）。

ment ＝**心智**（mind）（拉丁文）。

因此：**in － light － in － mind**

可以被寫為：

inlight-inmind（在光之中 － 在心智之中）

或

in-lighten-mind（之中 － 發光 － 心智）

另外，**enlighten** 是 **lighten**「發光」的古字。

總結一下，開悟的準確翻譯可以是：「心智之光」、「心智處於光明之中」、「心智中的光明之地」、「心智發光」、或「讓心智的某處發光」，無論確切的翻譯為何，「開悟」都強調了光明與心智之間的關係。

順道一提，「開悟」這個詞彙的意思是「擺脫愚昧與錯誤信息」（韋伯（Merriam － Webster）大字典），所以我們可以說，光明之處沒有無知或錯誤信息。當然，光明＝消除無知的知識。

因此，知識的象徵是光明，所以，一個太陽、一個燈泡或一個光源都可以在圖像上成為知識的象徵符號。

請看下面這張圖「開悟的心智」。我在直覺區中畫上很多太陽，它們象徵著知識。

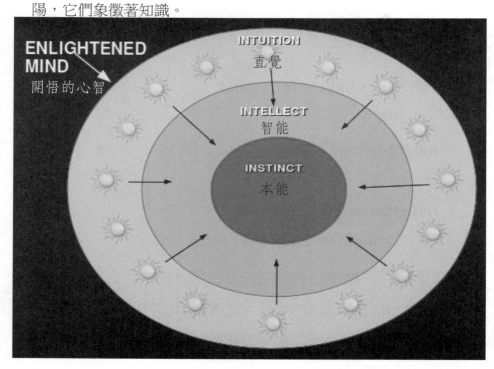

你看，智能區是空的，它沒有被任何思考活動所佔據。沒有想法的智能處於被動狀態，因此它能清楚地看到從直覺散發出的光。「看見光明」就是「知道」。這幅圖像代表了智能明白的一種心智狀態。這種心智狀態被稱為「開悟」。

當人在地球上出生的時候，他們心智就是像這樣的——人類生來就處於心智開悟狀態。所以心智開悟是人類的自然狀態，但為什麼成年人沒有開悟呢？是什麼原因導致了人類在出生後失去了開悟狀態？因為教育。

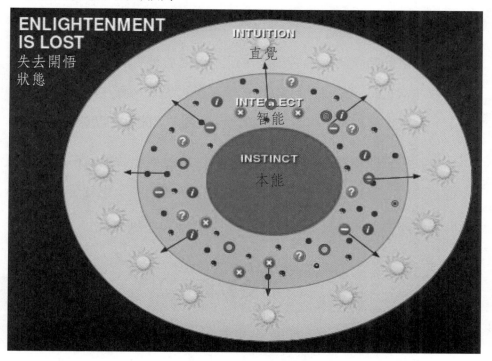

　　是的，從出生的那一刻起，人們所經驗到的教育，就在逐漸改變他的智能狀態。首先是父母照顧孩子，父母會與孩子說話、擁抱、親吻、餵食等等——所有的這些舉動都在使孩子們越來關注那些來自於心智之外，經由感官傳遞過來的信息。隨著時間的流逝，在孩子成長的同時，他們的智能越來越活躍，腦海中出現

越來越多的思維。據統計，一歲左右的嬰兒已經可以與父母進行相當多的智能交流，說話能力也隨之發展。這說明孩子的智能與新生嬰兒相比更顯活躍。

隨著孩子的成長，因為智力發展得很快，他們的思維和話語會越來越多。據統計，三歲左右孩子的思考和說話幾乎沒有停過。這說明了此時孩子的腦袋很忙，已不再處於被動狀態，此時的智能會非常忙碌。忙碌的腦袋會充斥著各式想法，專注在許多活動上。這意味著智能不再處於光明之境，失去了開悟的狀態。

「失去開悟狀態」這張圖，象徵性地呈現出智能區中滿是各種思維的心智狀態。光明無法自由地穿過智能區，也就是說，智能無法開悟。據統計，這就是一般成年人的心智狀態。

靜受默觀

現在，當你知道了什麼是開悟，知道了嬰兒心智和成人心智有什麼區別，你可能會願意恢復自我的先天本能——可以開啟或關閉的開悟能力。當然，這可以透過心智練習來實現。

當我們將以上兩張圖拿來比較時，我們會發現，唯一區別就是由思維、想像、注意力和接收感官信息所組成的智能區的內容

差異，由圖思考，要移除這些內容，使智能重新回到原有的清靜狀態，應該是可以辦得到的。

靜受默觀是眾多心智練習中的其中一項技術，它可以使智能再度重返透明和清靜，從而可以開啟開悟狀態。以下是如何練習靜受默觀的方法。

找到一個讓自己的感官不受干擾，可以舒服地靜坐的地方。你也可以躺著，但這種姿勢可能會讓你很快就睡著了。不要將注意力放在身體的任何部位或功能上，你越是感受不到它，這個練習就越容易進行。

選用一種自己喜歡的姿勢，身體放鬆。深化你的放鬆狀態以確保沒有任何感受會引起你的注意。

一旦放鬆之後，關照你腦海中出現的思維活動。將你的注意力從任何思想中抽離出來。你的目標是讓你的大腦處於無念與被動狀態，但不要陷入昏睡之中。

你可能會注意到，儘管你努力想要使自己脫離思考，但你還是會跟著念頭走。沒有問題，只要將自己的注意力從那個想法中抽離出來，讓它自由離開。某些來自感官的干擾或想法可能會持續較久，不要強迫自己去阻斷它們，隨它們來去，不要對它們產

生任何情緒或執著。

　　不斷地重複這個過程——這就是你為了要成功重獲清靜智能所需做的一切。

　　隨著練習的進行，你會發現你腦中的想法會越來越少，你對於感受的關注也會越來越少。繼續這個過程，讓你的智能可以進入越來越持久的清靜狀態中。

　　或早或晚，你將發現，自己的智能可以長期處於清靜之中。當你的智能越來越清靜時，你可能會注意到某種閃光的出現。你也許可以看到更為持久的亮光、顏色、形狀，會聽到聲音。這些都是你正在進步的跡象，你的智能會開始接收到來自於直覺區的訊息。

　　智能處於清靜狀態的時間若越久，可能會讓你陷入昏睡。沒關係，不用擔心，你會克服這個障礙的。對你的頭腦來說，讓智能處於清靜狀態並保持清醒，可能是場心智的挑戰，因此你需要長期地練習這種能力。

　　接下來會發生的是，你的智能會接收到來自於直覺的資訊。這也是可能會讓你覺得有挑戰的地方，因為直覺不受時間或空間的限制，但智能會。一開始這看來似乎是不可能的事，智能很難

在沒有時間或空間的架構下發揮作用。所以，你會經驗到一種情況，大腦會透過直覺來瞬間感知到某種信息，這狀況發生在電光火石之間，但智能需要時間來分析，才能理解這些信息。

在這種情況下你要做的事情很簡單，就是注意你的智能在清靜狀態中突然顯現出來的每筆信息。當你練習的時候，你將學會如何將這些來自直覺的剎那信息轉化為智能可以理解的長篇信息。

日後只要繼續練習，這個過程將會越來越流暢，你的智能將能理解來自直覺的每個數據。再下來，每當你在所謂的電光火石之間收到來自直覺的信息時，你就可以根據那條即時資訊，說上一大段故事，或是寫出一本書。

自我教育的內在喜悅

你已經學過了被動式與主動式的內在喜悅練習，我希望你正在進行這種練習並感受到它們帶給你的好處，除此之外，還有另一種可能可以幫你自由散發自我內在喜悅的方法，你可以藉由加強自我教育來擺脫自我內在喜悅的障礙。請看看下面這張圖。

它將人類的內在喜悅——也就是位於人類體內的生命源頭以

圖形化的方式呈現出來。內在喜悅會被恐懼、信念和有害程式所層層阻擋，難以自由地散放。

恐懼會直接阻擋內在喜悅。如果人們沒有內在恐懼，內在喜悅就可以自由地散發。事實上，人類害怕很多東西，這許許多多的恐懼，成了內在喜悅難以突破的障礙。

人們會害怕懲罰、犯錯、危險、輿論、貧窮……以及其他許多東西，看來恐懼似乎是驅動人類行為的主要因素之一。

為什麼人們會創造出這麼多的恐懼？這是因為他們有信念。是的，你根據你的信念創造出恐懼。觀察自然界中的動物——牠們沒有恐懼。當然，牠們會為了活命而奔跑，但那不是基於恐懼，那是動物本能的一種自我防禦機制，我們人類對生命的認知會創造和建立出恐懼，這種恐懼是在智能中所創造出來的某種想像。

我希望你還記得住什麼是信念。是的，它是一種無知。如果你瞭解某件事物，你就不會對它產生任何信念。只有當你不瞭解某事的時候，你才會信仰或懷疑那件事。

你的知識多寡取決於許多因素，但主要與你所處的社會環境、社會教育體系和個人愛好有關。這三種因素可能會對你本能編寫出有益或有害的程式，有益的程式會幫你建立自我知識。有害的程式會影響你理解真理的能力，並引導你產生信念。

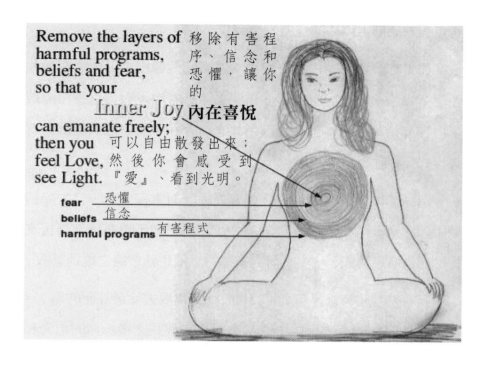

Remove the layers of harmful programs, beliefs and fear, so that your Inner Joy can emanate freely; then you feel Love, see Light.

移除有害程序、信念和恐懼，讓你的內在喜悅可以自由散發出來；然後你會感受到『愛』、看到光明。

fear 恐懼
beliefs 信念
harmful programs 有害程式

　　在這個文明的時代，有害程式對人類社會成員造成了強大的影響。主流的官方教育系統破壞了人們的自然心智能力，從而降低了他們發現真理的能力。如果父母們缺乏足夠智慧的話，這種有害程式的破壞過程會從出生那一刻起開始啟動。

　　社會加諸在我們身上的有害程式是一個很大的話題，足以另行出書討論。大眾媒體的宣傳、盲目地過度使用手機、對於電腦遊戲或電影的沉迷──僅舉數例──就真的會讓人變得愚笨。無論如何，這是另一個話題，所以讓我回到內在喜悅被恐懼、信念和

有害程式層層阻隔的話題上。

如果你決定要讓內在喜悅再次自由地散發出來，你需要做些什麼？看看這張圖。當然，你需要去除恐懼層，因為它直接障蔽了內在喜悅。然而，恐懼是因為信念而存在，而信念又是因為有害程式而存在。

這結論顯而易見，首先我們要先去除有害程式。一旦去除這層阻礙，所有的信念就會自動消失，因為它們不再有任何外援支持。一旦信念消失了，少了信念支撐的恐懼也就會隨之煙消雲散。

所有這些步驟都是自動進行的。你只需要去除最外面的層次，也就是擺脫你的有害程式。一旦去除有害程式之後，你的信念和恐懼就消失了，內在喜悅也就可以自由地散發出來。

實際上，你可以從自我教育開始。是的，你可能需要明智地教育自己。尋找所謂的非官方或另類資訊，對它們抱持開放的態度，但不要盲目相信任何東西。藉由本書早先提過的技術，讓自己從信念中解脫出來。

這種自我教育的過程可能是漫長並時而痛苦的，但它將能幫你去除有害程式。你越將自我從有害程式中解放出來，就會有越多的內在喜悅從你身上綻放開來。當然，要讓自己持續進行主動式與被動式的內在喜悅練習。

身體照顧

照顧自己身體以確保身體機能得以正常運作的方法有很多種。這裡我要談談身體的活化與再生、呼吸練習、聲波震動、身體活動、周遭環境、能量練習以及有意識的飲食。

活化、再生

這個議題大到足以另出專書來討論。在此我只想簡單聊些如何讓你身體回歸正常狀態，也就是所謂完美健康的要領。你可以讓自己有充分的時間與大自然相處，以獲得身體需要的活化與再生。我這裡所說的「自然」，指的是真正的自然環境，也就是地球上尚未經過破壞的綠色有機空間，而不是草地、公園或城市森林。

大自然是地球上最強也是最大的有機體。早在人類還沒有出現之前，大自然就已經存在。就算人類消失，不管人類在中間過程中做了些什麼，大自然還是會繼續存在。早在人類可以將大自然完全摧毀之前，人類就會先行離開地球。

順道一提，有些人會相信並且說「我們需要拯救地球」──

在我看來，這是相當可笑的說法，因為事實恰恰相反。看看這個人類文明，可能需要被拯救的是我們，而不是地球。

這個星球上曾經有過許多文明，它們都經歷了自我發展再到自我摧毀、消失，最後片甲不留。大自然總是可以在人類的許多奇怪破壞行為中存活下來。文明來來去去，但大自然卻一直長存。

首先要注意的是，你的身體是由大地元素所構成的，因此，肉身得由大自然所維持。人的身體是自然的一部分，與自然完全相容，沒有自然的話，人類就無法生存。人類的原生棲地就是大自然。任何其他地方，只要不是原始的，也就是未經破壞的大自然，對你的身體來說，都不夠完美。只有原生態的大自然，才是可以讓人類身體充分煥發生機、再生的地方，也是可以讓人體生命能夠持續保持在最高能量狀態的地方。

如果你居住在大自然中，就可以理解我的意思。如果你生在城市裡，很少進入大自然，你可能會感受不到大自然的價值。儘管如此，我還是建議你親自前往自然棲地，並盡可能經常、長時間地待在自然中，尤其如果你的身體已經開始衰弱時，這體驗對你來說會顯得特別重要，睡在森林中的土地上、在天然水域裡游泳、飲用溪水、赤腳走路等等，可以讓整個身體恢復活力。

大自然有個很重要的特點，它可以還原你的身體程式。當你

生活在城市裡，尤其如果你待的是充滿了電磁輻射的地方，吃的是基改食品與被稱為「藥品」的化學藥物、注射的是會破壞自我免疫系統的疫苗，並因為其他環境有害因素削弱身體健康的話。你身體的健康程式會被扭曲，甚至可能會因此受到嚴重的傷害。

大自然是地球上最強大的有機體。當你身在其中的時間夠久之後，你原有的身體程式會自動回正。換句話說，大自然會恢復你身體的原始狀態，從而還原你的身體健康並讓它再生。你不需要做任何事情，只需要待在森林裡、穿越森林、吃下森林提供給你的食物、在森林裡放鬆入睡，當你這樣做了，大自然會自然而然地重整你的身體。

你知道地球上有兩種截然相反的生活狀態嗎？一種叫「天堂」，另一種叫「地獄」。「天堂」是大自然，「地獄」是城市。你感到驚訝嗎？但，這是真的。

不相信我的話？你自己研究看看，感受一下，然後觀照思索這些資訊。比較看看你自己待在擁擠城市中會有的感受和在自然中的感受差異。

呼吸練習

市面上有很多種呼吸練習，有些對人有益，有些對人有害。我建議，無論你學習哪種呼吸練習，都不要盲目瞎練。當你開始進行某種呼吸練習之前，首先要確定你瞭解它會對你身體產生什麼影響。請看下圖，這是一個簡單的呼吸練習例子，若你想讓自己的神經系統充滿活力，並提高它的效率，你可以隨時進行此項練習。

呼吸運動活化神經系統
ENERGIZING NERVE SYSTEM BY BREATH EXERCISES

1. 呼氣、摒住呼吸
Exhale, hold your breath.

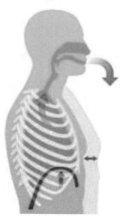

2. 吸氣、摒住呼吸
Inhale, hold your breath.

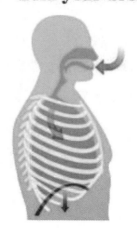

第一步：

盡可能地呼出體內空氣，加點壓，直到吐盡所有空氣為止，然後摒住呼吸憋氣直到有點窒息的感覺出現為止。當你無法繼續憋氣之後，就轉為正常呼吸，接著做幾次正常呼吸讓肺休息一下。重複上述練習步驟幾個回合。

在第一步中，透過摒氣，你會減少氧氣的攝入量，同時增加血液中的二氧化碳濃度。這種情況會刺激你的神經系統，迫使注意力敏銳起來。

第二步：

盡可能地吸入空氣，加點壓，就當你的肺像個氣球一樣，直到無法繼續吸入為止，然後摒住呼吸，直到有點窒息的感覺出現，當你無法繼續憋氣下去之後，回復正常呼吸數次，然後再重複上述練習步驟幾個回合。

在第二步中，透過摒氣，你體內二氧化碳數量會減少，同時血氧量會增加。這個動作可以重新活化神經系統，讓它對於事物可以有更好的專注力。

這種呼吸練習可能會導致頭暈。請注意，當你感到頭暈時，請先停止練習，坐下或躺下，正常呼吸。你可以多休息一會兒，

直到你覺得沒事為止。

這種呼吸練習可以強化神經系統效率以使你注意力變得敏銳。你可以在聽講中間感到疲倦或注意力無法集中時進行這種練習。你也可以在一早起床後，試試直接進行這種呼吸練習，看看效果如何。

腳後跟落下

自由地站立，雙腳盡量接近但互不相觸。盡可能地墊高腳尖，然後讓全身重量瞬間自由落在後腳跟上，當後腳跟著地時，整個身體會跟著震盪，你可能連後腦杓都會出現晃盪感。

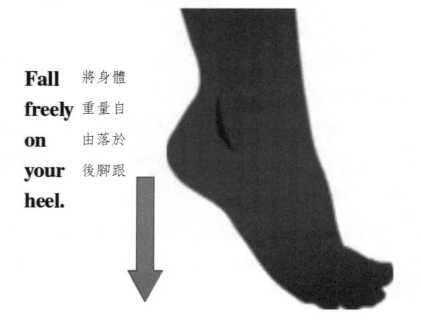

Fall 將身體
freely 重量自
on 由落於
your 後腳跟
heel.

當你進行這種墊腳尖落腳跟練習時，一定要確保自己的上下顎肌肉處於完全放鬆狀態。上下顎肌肉若放鬆得好的話，當你身體跟著後腳跟一起落下時，你會感覺到上下牙齒的相互碰撞。這會產生電流——簡單的說——這可以活化整個頭骨內的神經。

重複幾個回合的墊腳起落練習，但最好不要超過十五次。過程中若感到頭暈的話，請停止練習。

這種簡單的運動會讓血管震動，並清除血管內壁的沉積物。

聲波振動能量練習

當某個物件，比方像空氣，在特定的頻率範圍內振動時，我們的耳朵就可以聽到聲音。雖然人耳能聽到的頻寬很窄，但可以影響人體的音域頻寬——也就是所謂的超低頻音和超高頻音——其實範圍要大得多。你可以利用聲音來傷害或利益自己的身體，音樂可以用來達到這目的，可能你也聽過所謂的聲音療法。

人類可以發出不同頻率的聲音。當你感到自己身體某個部位變得虛弱時，就可以用這方法為它注入能量。你也可以利用聲音來活化我們整個身體。以下就是這種練習的進行方法。

以放鬆的姿勢自由站立。最好是赤著雙腳站在森林中的土地

上，將注意力放在你想要被活化的身體部位上。不斷地從內在發出不同頻率的某種聲音，直到找出可以與這個身體部位出現共鳴的頻率，然後持續發出固定在這音頻之上的聲音，直到你覺得夠了為止。

這個練習的目的是要藉由感受特定身體部位的振動，來找到可與此部位共鳴的聲音頻率。你需要專注於你打算活化的身體區域。在保持專注的同時，改變聲音的頻率和發出的聲音。

首先，從你能發出的最低頻音開始，慢慢地拉高頻率，到達自己能發出的最高頻率，但同時還能感到舒適的聲音為止，然後，再逐漸回復到之前的最低頻音。在發出聲音的同時，注意你想要活化的身體部位出現的反應。當你發出可以與該部位共振的聲音頻率時，你會感到那裡出現最強烈的振動感。

我建議大家先練習改變聲音頻率和發音。在拉高或降低頻率的同時，透過嘴型、舌型以及舌頭位置的改變來變化發音，這可能需要一定的練習。你的聲音要宏亮，但不用大喊大叫，這樣練起來會比較容易。

請將注意力持續放在預設身體部位的感受上，同時改變發聲的頻率和發音，當你找到可以與該部位共振的頻率時，你會發現那個身體部位的共振感會明顯加強。

冷熱交替淋浴

　　做做冷熱交替的淋浴，這樣一方面可以讓身體好好提神，同時也可以增強身體對溫度變化的抵抗力。冷熱交替淋浴可以強化我們的免疫系統，幫助身體擺脫一些皮膚上的毛病。這個練習相當簡單，你可以從今天就開始進行。我建議你將這種冷熱交替淋浴當成一般的日常練習。

　　開始淋浴時，先將水溫提高到你還可以忍受；但不至於灼傷自己皮膚的最高水溫，水溫應該落在攝氏 40 － 48 度之間，要小心，別燙傷了。

　　先用這種溫度的熱水來沖洗全身，持續 15 到 30 秒。然後突然將水溫轉為越冷越好的冷水。此時水溫最好介在攝氏 15 度到 4 度之間。讓這種溫度的冷水沖洗你全身 10 至 20 秒，然後重複這樣的冷熱水交替淋浴至少兩回合以上。

　　請記住最後一定要用冷水來結束這場淋浴。冷水會閉合皮膚毛孔，並可以使你的身體保持溫暖。

　　很少有淋浴間可以提供非常低溫的冷水。在這種情況下，我建議你可以安排兩個浴缸，一個用來裝熱水，另一個用來裝有冰塊的冰水。你可以不淋浴，而是交替躺入這兩個浴缸中。進入熱

冷熱交換淋浴
ALTERNATE SHOWER

熱水 HOT　　冷水 COLD

水浴缸 15 到 30 秒，然後再進入冰水浴缸 10 到 20 秒，以此類推交替進行，至少 3 回合。當然，最後一定要在冰水浴缸中結束這次練習。

在冷熱交替淋浴過程中，切記不要使用任何肥皂。相反的，你可以用硬毛刷來清洗整個皮膚。熱水可以打開皮膚上的毛孔，冷水則會收縮毛孔，皮膚的洗刷和皮膚上反覆變化的水溫，可以清潔毛孔中的污垢和皮脂。

皮膚下方的微血管有時會被沉積物堵塞，以致血流受阻。因

此，許多老年人會有皮膚問題。你見過他們的腿的下半部皮膚顏色嗎？在冷熱交替淋浴的過程中，血管會擴張和收縮。這種機械作用有助於清除一些沉積物，從而幫助打開血管內徑。

能量練習

人體本來就是種電子裝置，需要充電才能進行正常運作。太陽和地球也是電子體，它們為生活在這個星球上的所有有機物供給能量。當你行走或躺在土壤及岩石上時，地球電力可以在你的體內流通。太陽用電離子為空氣充電，這些粒子也會進入你的身體，除此之外，還有其他的宇宙射線也能進入你的身體。這三種能量來源都會為你的電子身體提供動力。

如果你待在一個地方，但身體與地球的自然表面隔絕，或者更糟糕的是，太陽電離子無法到達你的身體，你會有什麼感覺？你會感到清爽和充滿能量嗎？可能沒辦法。

那麼，到外面的森林裡去，讓自己的身體沐浴在陽光下，赤腳走一走。你現在感覺如何？我想，一定好多了。

人如果在自然環境中待的時間不夠長時，也許會體能不足。身體若長期處於體能不足的狀態中，就會變得比較虛弱，且無法

正常運作，免疫系統沒有足夠的自我防禦能力，身體可能因此得病。

想讓身體具有適當的能量，你可能需要做一些能量練習。在這種類型的練習中，你需要將更多注意力放在如何將能量攝入體內，以及如何導引體內能量，而不是將注意力放在外界運動上。能量練習有很多種，比方像中國有名的氣功和太極。

你可以追隨教授能量練習的不同門派和大師，若要自行練習也可以。我的工作坊曾經教過一個簡單又適合多數人的能量練習方法。以下是操作方式：

找一個適合進行練習的最佳場所，最好的環境就是在大自然中、樹木和岩石之間、海邊。當然，就身體健康而言，不論場地為何，只要有練都會比沒有練習好。

以自由、放鬆的姿勢站立。如果感覺穩定的話，你可以完全閉上眼睛，如果感覺站不穩時，請半開雙眼。專注於你體內能量的流動。事實上，體內的電子活動會讓你出現極微細的感受。你需要專注於這些微細的身體感覺。

當你專注於這種感覺的時候，你可能也會發現身體的某些部分讓你感到不太舒適，那部位的身體彷彿想要動起來似的，請隨

著自己的感覺走，想要動時就讓那塊肌群跟著動起來。這可能會讓你動動手指、手、腿、頭、肚子，乃至整個身體。

在這練習中，最重要的是你需要全神專注於感受自己體內的能量流動。當你專注時，就可以發現所謂的能量氣節，然後，你就能夠藉由運動與氣節有對應的肌群來釋放這些能量結節。請記住，不要將注意力放在肌肉運動上，你只需要專注於能量的自然流動，然後讓肌肉自行運動。

這是最基本的能量練習。若練得越多，你就越能感受到自己體內的能量，同時也能感受到周圍環境的能量。許多能量練習的技術都是從這種基本練習方法再發展出來的，它們有著不同的名稱，並且發展為不同學派或不同系統的能量練習。

很多遵循這些流派的教導的人們，都沒有意識到能量練習的本質並不在於他們所做的動作，而是生命能量在體內運動的感受和控制。

擬樹練習

我在向樹木學習的過程中，尤其在觀察樹木靈氣時，發現了「擬樹練習」。樹木是比物質更有靈性的生命體，它們也是很好

的老師。有的樹幹高達百餘米，樹冠比四層樓建築還要高大。你能想像這些樹的根系結構到底有多巨大嗎？的確非常大，因為它需要支撐起這麼龐大的站立結構。

如此龐大的樹，想像它的根部從土壤中吸收生命能量，而它的樹冠則從太陽吸收生命能量。如果好奇的話，你可以拿個電壓表，將電極分別連接在樹幹兩端，看看電位差，你可以發現樹木內部的電流流動。

樹木在未被污染的自然界中，壽命可以超過一萬年以上。它們一生養活了許多生物，例如蟲子、昆蟲、鳥類、猴子等等。

請透過下面的圖像來瞭解擬樹練習。

請先自然而輕鬆地站立著，讓自己感覺重心非常穩定。將注意力集中在丹田區（稍低於肚臍的位置點——也是身體的重心）一段時間，雙腳打開，與肩同寬，雙手擺放的位置並不重要，你可以任它們自然下垂。

這個練習的關鍵在於你的想像和呼吸。在想像能量流的同時，盡可能毫不費力地摒住呼吸，並同時保持住你腦海中的想像畫面。當你開始呼吸的時候，就停止畫面想像。

TREE
EXERCISE

擬樹練習

Life energy
follows
your
imagination.

讓生命能量
的流動跟隨
你的想像

一開始分開練習，先練第一階段，然後再練第二階段，最後再合併進行完整練習。日後當你可以輕鬆掌握完整練習的時候，就不再需要將第一階段和第二階段練習分開了。

第一階段：

吸氣時，吸入比平常自然吸氣時更多量的空氣。吸氣……摒氣。當你開始摒住呼吸的那一瞬間，就開始想像。想像一股來自大地的能量流入你的腳底，進入雙腿，直到身體重心點——也就是所謂的丹田，它的功能就像是你身體的電池。你可以想像現在

正在幫自己的電池充電。

當你無法繼續舒服地摒住呼吸時，停止想像，然後回復正常呼吸。接著正常呼吸數次，讓自己為下一次吸氣和憋氣做好準備。然後按剛才的方法重複整個過程。

將這個階段重複練習幾回合，然後休息一兩分鐘，讓自己正常呼吸並享受一下。

第二階段：

這個階段過程和第一階段完全相同，其中有個明顯的區別是，能量流這次來自太陽或天空，它由你的頭部進入體內，最後到達丹田。重複這樣的練習幾回合，直到你感受到來自太陽／天空的能量已經讓你的身體充電至舒適狀態為止。

第三階段：

在第三階段中，你需要將這兩股能量流結合在一起。當你摒住呼吸的時候，想像兩股能量流同時進行。一條來自地球，另一條來自太陽。兩股能量流在丹田中相遇。重複上述練習，直到你感到精力充沛為止。不要練習太多次，因為這可能會引起頭暈或其他身體感受。

當兩股能量流在丹田交匯時，它們會自然而然地旋轉，形成

一股渦流。我建議你不要想像那股渦流，不要干涉自然的創造，任由它自然發生就好。

正如我之前說過的，雙手的位置並不重要，然而，有些人發現當他們握住或慢慢地以某種方式移動他們的手時，會更容易。如果你覺得有必要這樣做，請自由嘗試。有些人會感到有一顆不斷膨脹的能量球從丹田中膨脹出來，所以他們將雙手放在那裡，就像抱著這顆球一樣。如果雙手會打擾你的想像的話，那就請忘了它們。

不需要去想像氣流的顏色，因為這並不重要。當你在練習時，也許可以看見顏色，但無需特別關注這個議題。

記得要赤腳站在大自然的土地上。擬樹練習的最佳鍛鍊場所就是大自然，當然你也可以在任何其他地方進行練習，甚至在飛機上都可以，因為關鍵在於你的想像力。總之我建議，只要有可能的時候，就去大自然中練習。

身體鍛鍊

人體需要電力才能維持正常運作，身體肌肉在緊繃與放鬆之間的交替運作之間會產生出生物電能。當肌肉過久沒有鍛鍊時，

就會變得虛弱，這就是為什麼如果你長時間沒有運動，就容易感到疲倦、困倦、乏力等。這時，只要運動幾分鐘就可以讓人重新恢復活力。

需要注意的是身體至少需要規律進行最小量的肌肉運動。如果你沒有進行最小量的肌肉鍛鍊，免疫系統就無法發揮它最大的效率。每天從事體力勞動的人，可能不需要鍛鍊。經常坐著或站著工作的人，也許需要做些運動以讓身體保持在良好狀態。每個人都有各自不同的需求。

我建議你要發展出一套適用於自我身體需求的簡單運動，並且規律地練習。運動量並不一定要很大。對大多數沒有從事體力勞動的人來說，每天鍛鍊三至五次，每次三至五分鐘就夠了，這樣可以讓每天達到九至二十五分鐘左右的總運動量。

事實上，即使你每天只做一次五分鐘的運動，與完全不運動相比，仍會帶給你非常不同的效益。

在天然水域中，尤其在海水裡游泳，是最佳的體能鍛鍊。當我們游泳時，幾乎全身上下所有的肌肉都在運作。海水成份與人體血液中的成份十分相近。當你的身體浸在海水中時，皮膚可以將人體需要的元素吸收進來。尤其在陽光明媚的季節裡，海泳對身體會特別有益。

需要注意的是，如果沒有足夠的肌肉活動，就沒有辦法讓身體保持完美的身形和良好健康。有些慢性病患者開始進行規律鍛鍊後，身體很快就會恢復健康了。結論是，即使有病也要鍛鍊身體。當然，也不要過份誇大。

全身放鬆

身體肌肉需要運動，但也需要有深沉休息的時間。休息時，尤其是躺著休息的時候，你的身體肌肉應該要能深度放鬆。另外，當你坐著的時候，不需要讓身上的肌肉處於緊繃狀態。我的意思是說，在很多情況下，人們會讓某些肌肉保持在不必要的緊繃狀態中。

如果某處肌肉處於不必要的緊繃狀態，可能會產生疼痛，也可能會因為緊繃肌群壓迫神經、血管或關節的時間過久，導致疼痛或慢性病。慢性病的原因之一，就是肌肉處於不必要的緊繃時間過久。有意思的是，大多數人都沒有意識到自己有些肌肉處於不必要的緊繃狀態，尤其是當他們情緒激動的時候。

為了照顧好自己的身體肌肉，有時要讓自己身體進行肌肉鍛鍊，有時也要讓肌肉可以深度放鬆。有一種可以讓你在入睡前與

休息時做的簡單全身放鬆練習，如下。

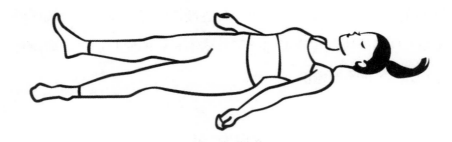

　　讓自己仰躺在一個平坦的表面上，下方平面不要太硬，也不要太軟。如果床太軟的話，你的身體將因不自然的姿勢而一直無法好好休息。仰躺時，身體自然伸直，不要呈現弧狀。

　　躺下的時候，請閉上雙眼，先將注意力放在頭頂，感受這區域是否有緊繃感；如果有，就將它充分釋放。再讓注意力往下，到達額頭，然後將額頭深深地放鬆。接著，將注意力轉移到耳朵和臉部，再次進行同樣的步驟，深深地放鬆這個區域。然後，往下移動到你的頸部，釋放所有緊繃，確保所有的頸部肌肉都得到了深度釋放。再往下移動，注意力來到肩膀，深入其中的肌肉，感受、再感受。確保它們真正地可以深深地放鬆了。

　　持續這個過程，將注意力由一個肌群轉倒另一個肌群，直到腳趾，所有肌肉完全放鬆為止。

　　這是從頭到腳指的一回合放鬆程序。現在，反方向上行，讓

你全身肌肉進入第二回合的深度放鬆，這將深化你所有肌肉的放鬆狀態，你應該會感受到深沉的釋放感。你可能會在進行這場練習的時候睡著了——沒關係，你將進入甜美的睡眠狀態之中。

當你第一次練習全身放鬆時，一個回合可能要花上十幾分鐘甚至更長時間才能完成。隨著每寸肌肉的放鬆程度越深，所需的時間也就越長，但這可以讓你的身體重新活化，健康地紓壓。

當你在進行這種練習時，可能會注意到某些地方的疼痛感。疼痛通常意味著那個部位有健康問題。但它應該可以很容易被消除，你只需將注意力停留在那個區域，進一步深化放鬆。當你能感覺到那個地方已經深深地被放鬆時，想像那個部位感到溫暖與能量，直到疼痛感消失。這是一個簡單而有效的方法，可以幫助治療肌肉和關節相關的健康問題。

意識飲食法

進食顯然是人們最重要的活動之一，同時也是提供身體所需物質的重要方法。市面上有許多關於飲食的推薦與建議，該吃些什麼、該什麼時候吃，以及該如何吃才能適當地維護身體。但我所知道的所有外來建議，都是不利於人體的。

請想想看，人體需要數千種物質才能正常運作。你的身體需

要適量、適時地攝取特定物質。想要提供身體最好的保養，你必須知道你的身體需要在什麼時間飲食，以及需要攝入多少量的特定物質。

更仔細地來說，要知道你的身體是不斷變化的，所以它的需求也在不斷變化。此時此刻，你的身體可能需要 103 毫克的碳酸氫鈉，但明天此時，這個數量對你身體而言，卻可能會太多或過少。因此，我們認定的用餐時間，其實對健康而言是弊大於利的。

想像一下你的身體需要水，而你可以獲得世上最美妙的水，一種可以讓死人復活──名為「生命之水」的水。當你將這種水喝到飽之後，其實就應該停止繼續喝下去了。如果你還繼續飲用此水的話，你的身體就會將它視為過量物質，任何過量攝入的物質都會被身體當成必須清理掉的毒藥。你看，即使是最美妙的水，飲用過量時也會毒害你的身體。

你怎麼知道自己的身體需要什麼物質、需要多少量、該在何時攝入呢？若要給自己身體提供最好保養，這是不可或缺的知識。如果你有遵奉某種飲食慣性，根據上述飲食需求的說明結論，顯然你就是在傷害自己的身體。

要知道，就連營養學也無法給出令人滿意的建議。如果你能清楚地感受到，你的身體需要多少食物量以及該在什麼時候飲食，

這問題就可以解決了。這種能力對人類來說其實是非常自然的。事實上，人類從生下來就擁有可以感覺自己的身體需要消耗什麼物質、需要消耗多少，以及什麼時候該進食的能力。

然而，當父母餵養嬰兒時期的我們時，父母常會根據自己認為寶寶應該吃些什麼而進行餵食。有的父母會強迫孩子吃下桌上的食物，而不是孩子身體真正需要的東西。很顯然，在這樣的教育下，孩子並無法發展出感受自己身體真正需求的天生能力，還會相反地壓制和遺忘這種能力。

意識飲食法（CE），可以開發出你感受身體真正營養需求的天生能力。每當你覺得餓了或者渴了，就可以練習 CE，只要按照下述步驟進行就可以了。

第一步

當你感到飢餓時，千萬不要吃東西！這聽起來可能很奇怪，但是這是開始進行意識飲食法的重要步驟。當你酒足飯飽時，是無法練習 CE 的。

Continuously stay fully focused on what your body feels.

持續地將注意力放在自我身體感受上

　　每當你感到飢餓或口渴時，停住，坐下來幾秒鐘，放鬆並自由呼吸。問問自己：這是什麼？不要回答這個問題，因為這並不是針對你智能所提出的問題，你在詢問的是你的本能，因為它負責與滋養身體有關的所有程式。

　　放鬆自己，閉上眼睛，自問：這是什麼？然後，只要感受就好，感受答案。不要想像或期待什麼，只需保持放鬆，感受你的身體。我再重複一次──感受你的身體。

　　在意識飲食法的過程中，將注意力一直放在自我身體的感受

上，是做好意識飲食法的關鍵。請記住，**將注意力保持在自我身體感受上，**一秒都不要偏移。每當你意識轉移或失去專注力時，實際上就停止了這個練習。

當你在這步驟中，自問「這是什麼？」之後，通常你的飢餓感會在短短幾秒內消失。這意味著你的身體並不是在向你索取食物，而是另一種原因讓你感到飢餓。也許下一次，你會得到本能給你的答案。

下一次，當你感到飢餓時，請開始進行意識飲食法。當然，不要急著吃下東西，讓自己停下來、坐著、放鬆，然後自問：「這是什麼？」等一下……保持注意力……此時飢餓感並沒有消失，等下去，保持放鬆並全神觀注在自我身體的感覺上。你的身體在向你傳遞信息，你要學會感知這些訊息。記住，這個訊息並不是來自於智能，而是來自於自我本能。

當你專注於身體感覺時，你可能會突然經驗到某種幻象、某種令人不安的念頭或某種感覺、情緒的意外出現。這樣的現象，就是來自於自我本能的信息，專注在感受上，探索它的意義，投入足夠的時間來徹底開發和解決它，究竟剛剛發生了些什麼？請看看下圖。

有時你覺得餓了，是因為你的本能在向你的智能發出信息。

你還記得，本能是由程式和數據組成的，它也有一些用於自我防衛的程式。每當本能注意到有害程式，也就是所謂的病毒出現時，它就會向智能發出信息。這種有害的程式可以是任何東西，但它往往是在你記憶中沒有解決掉的情緒問題。由於本能並不具備思考能力，所以它必須向智能發出信息，而智能可以透過思考來解決問題。

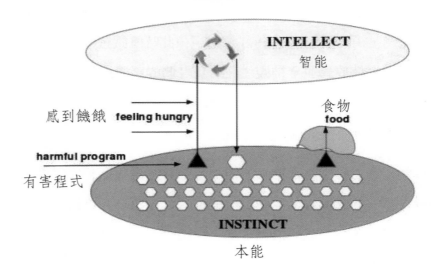

SELF-DEFENCE MECHANISM OF INSTINCT
本能的自我防禦機制

當本能將解決問題的信息傳遞給智能時，你就會感覺到飢餓。此時如果你沒有進行意識飲食法的練習，你就會開始吃東西。這個信息傳遞過程會因為你的進食而停止，你因此造成自我傷害，而問題還是沒有獲得解決。

這就是為什麼你需要專注在自我身體的感受上，注意從本能中浮現出來的信息。如果適當地進行意識飲食法練習，你就可以意識到躲在自我本能中的問題，你將有機會處理它、解決它。當然，飢餓感會在此時消失，因為你的身體其實並不是在索求食物。

你看，意識飲食法也是一種自我心理修復技術。這就是為什麼如果超重的人練習它，就能夠減肥並獲得健康的原因。同時，有食物成癮症的人，也能夠從成癮中解脫。那些喜歡吃垃圾食物的人，也可以透過意識飲食法來恢復健康。

第二步：

當你感到餓的時候……停下來……放鬆……自問：「這是什麼？」繼續關注來自身體、本能的訊息。沒有明顯的問題嗎？如果沒有什麼來自本能的特別信息，但你仍然感覺到飢餓。這就意味著你的身體需要吃點東西了。

持續將注意力放在自身感受上
你想吃些什麼？
What do you want to eat ?
Continuously stay fully focused on what your body feels.

　　問自己這個問題：「你想吃什麼？」然後想像出一張食物清單。你會感到其中某（些）食物對你特別有吸引力，甚至感到它在舔嗜著你——這就是你身體需要吃下的食物。

　　請記住過程中要保持全神專注，注意來自身體的信息以及身體出現了什麼樣的感覺。如果你失去了專注力的話，你的意識飲食法練習可能會因此出錯。

　　可以這樣說，當食物清單列出時，若你的身體選擇了蘋果，

這就意味著，你的身體此刻需要蘊藏在蘋果中的某些物質，所以你需要吃顆蘋果下肚。

請不要急！不要失去你的專注力！我說過，你要時刻專注於自我的身體感受。所以，現在，在專注於身體感受的同時，有意識地將你的注意力往蘋果方向移動，以不影響你維持現有專注力的方式，慢慢地移動。

請不要急！先看著蘋果。現在你是在用眼睛吃飯。是的，眼睛可以傳遞，也可以吸收生命能量。當我們看著某樣東西的時候，可以吸收它的生命能量。當你在看著蘋果的時候，你就在吸收它的生命能量。

當你吸收蘋果的生命能量時，你也許會感受到自己的身體在說：「夠了，我吃飽了。」是的，不要懷疑，這真的會發生。如果你感覺到自己的身體告訴你它已經飽了，就結束意識飲食法的練習。你已經吃飽了，沒有必要繼續吃下去，下回當你覺得飢餓時，再繼續練下去。

下一次，當你感到餓了，就開始進行意識飲食法。過程如前所述，讓我們想像這次還是蘋果，你現在正在用自己的眼睛吃它。嗯……「這不夠，我還是很餓。」……──你的身體告訴你。

繼續下去，讓你的手靠近蘋果。感受，除了感受自我身體之

外，也感受一下經由你的手所吸入的蘋果生命能量，持續吸收蘋果能量直到你的身體感到飽足為止。

如果用手吸收食物的生命能還無法讓你感到飽足，請進入下一步。

慢慢地，在專注於自我身體感受的同時，拿起蘋果放在鼻子前面，聞一聞，嗅聞是另一種進食形式。持續嗅聞下去直到你覺得飽了為止。如果嗅聞還無法讓你產生飽足感的話，請進入下一步。

用自己的嘴巴去碰觸蘋果，舔舔看並感受它的味道。記住，持續專注在自我身體的感受上。如果舔舐食物無法讓你感到飽足時，就繼續將意識飲食法練習下去。

如果你仍然感到飢餓，就開始吃下你的食物，慢慢地，少量地，開始進食。

現在，我們來到了整個有意識飲食練習的最重要的關鍵步驟——**長時間咀嚼**。是的，長時間的咀嚼是非常重要的。如果咀嚼不夠充分，意識飲食法就無法正常運作。

咀嚼時，要緩慢地細嚼，直到口中食物變成液體。不要停止，繼續咀嚼。咀嚼這些液體，直到你感到它的味道發生了變化。食

物在經過咀嚼後，改變了味道，這是個非常重要的時刻。這個時刻之所以重要，是因為味道的改變在通知你，你口中的食物已經準備好要進行下一步的加工。要將食物進一步加工，你要不就是將它吞下去，要不就是將它吐出來。

我再說一遍，這是意識飲食法的一個非常重要時刻。當咀嚼過的食物變了味道，你會感到自己身體是想讓它吞入胃裡繼續加工還是想將它吐出來。當味道很恐怖的時候，身體會通知你，你應該將它吐出來。當味道很好的時候，你可以將它吞下去。

我可以猜到現在你會有什麼想法，尤其如果你已經將食物咀嚼到變味之後，你可能覺得這個動作太浪費時間，也太無聊了。當然，我同意，然而這卻是個不能省略的步驟。

我的意思是說，如果你沒有經過充分咀嚼就將食物吞嚥下去，食物將永遠無法被妥善處理，味覺變化向你發出了食物可以進入下一步驟進行消化的信號。有時食物不該進入胃裡。所以，如果你沒有經過充分咀嚼，在味道還沒變化之前就將食物吞嚥下去的話，你會讓自己的身體得要去面對那些還無法正常消化的食物。

咀嚼涉及物理和化學反應程序。你的唾液中含有化學物質，它會與咀嚼後的食物發生化學反應。化學反應需要時間，這段時間是不能縮減的。請注意這個事實。

我也知道，有些讀者在看完意識飲食法的完整描述後，會有這樣的想法。「我又不是瘋了，怎可能為了吃上一口食物花上半個小時。」

　　的確，當你初次練習意識飲食法時，可能需要用上幾分鐘甚至半個小時。但當你堅持練習下去之後，你會發現自己可以做得越來越自動，越來越快。

　　「練習讓人成為大師」。意識飲食法也可以培養出意識飲食法（CE）大師。CE大師可以在半分鐘以內甚至更短的時間內完成整個意識飲食法的流程。當別人看你時，並不會注意到你正在進行意識飲食法程序。但，咀嚼的過程不能縮短，因為物理和化學反應是需要時間的。

　　成為CE大師會有很多好處，在此我就不一一列舉它的眾多好處了。其中的好處之一就是你會發現自己的平常敏感度會大幅進步。之後，你只要遠遠地看一下食物，就可以知道它會對人體有什麼影響，以及是否具有什麼有害或有益人體的成分。

　　意識飲食法，即使不是完全按照本書描述的那樣進行，也是一種有效的自我療癒方法。不管你信不信，很多人在練習意識飲食法之後恢復了健康。某些被診斷罹患「不治之症」的人們，也在幾週之內完全康復。

強身健體

　　人體由以下五種不同的構造組成與充電部位。下面我就簡短地為大家介紹一下，請看圖示。

BUILDING and SUSTAINING YOUR BODY
打造和維持你的身體

消化道—消化食物
DIGESTIVE TRACT – consumed food

呼吸系統—吸入空氣（氧、氮、二氧化碳、氫）
BREATHING – inhaled air (O, N, CO_2, H)

皮膚和眼睛—陽光
SKIN AND EYES – Sun light

運動—電力和能量
MOVEMENT – electricity and energy

心智—視覺成像和生命意志
MIND – visualization and the will of living

消化道

人們將稱為食物的物質攝入體內，在其中進行物理和化學反應程序，這現象似乎是顯而易見的。在這個過程中出現的某些產物會被用來製造人體細胞，供給人體溫暖。剩下的部分則未經加工就被排出體外。

對了，你知道自己吃下的食物有百分之多少會被排出體外？其實是百分之百；沒錯，就是100%。換句話說，你所攝入的東西，都會被你的身體以糞便、尿液、屁、汗液、血液、水、皮脂、死細胞等形式排出體外。人的一生中吃下幾十噸的食物，但體重基本維持不變。即使是世界紀錄最重的胖子，與他們這輩子吃下的食物數量相比，他們的體重也是輕很多。

如果說人類吃入的東西100%都會被排掉，那我們為什麼還要吃呢？事實上，並不全是100%被排出，留在體內的是消化掉的食物能量，這些能量會溫暖身體，為身體提供動力。進食、消化、排泄的過程，其實是更為細緻的，在此無須細說，只需要注意一點，就是最好的食物是來自然界，未經加工過的食物。

人的身體可以完全與自然界相容。這意味著，**大自然會為人類提供完美的食物。**完美的事物不可能還會有進步空間，因為「完

美」的意思就是「最好」。這意味著，你不能透過加工或所謂的「烹飪」來改善自然食物。任何加工都會使食物變得沒有那麼完美，也就是會對身體不好。

當你吃到來自大自然的食物，無論是植物還是動物，都要確保它是鮮活的，因為「鮮活」意味著最新鮮、沒有經過加工。對人體來說，最重要的是要吃下鮮活的食物，因為人體吸收的是生命能量。所有被我們吃下的物質，在經過體內加工後都會被排出體外，但被我們吃下的動植物的生命能量則會被我們身體吸收。要知道，你的身體被設計成只要攝入活性物質後，就可以完美地運作。

當人吃下了死的物質，也就是加工過的食物，他們的身體將無法從中吸收任何生命能量。相反的，身體必須使用自己的生命能量來處理吃下的食物。這就是造成人體能量不足的主要原因之一。能量不足的身體容易生病，衰老得更快。

在某些情況下，飲食會因為顯得多餘而被人放棄。有些人可以不吃不喝——儘管他們的身體機能處於完美狀態——這些人被稱為食氣者。食氣者也就是處於辟穀狀態的人。食氣是一種心智狀態，在這種狀態下，雖然身體機能完美無缺，但卻不需要吃喝。食氣和不食是另一個大的議題。你可以在我的另一本著作 2018 年

第 2 版《全辟穀—喚醒人體本能治癒力——食氣 / 不食 / 斷食》中讀到關於食氣和不食的描述。

呼吸系統

肺臟是人體用來專門攝入空氣的器官，空氣被人體用來製造蛋白質。人或動物的身體攝入空氣中的氧氣、氮氣、二氧化碳和氫氣，用來合成蛋白質，而人體細胞就是被這些蛋白質打造出來的。

我想你一定不知道人體有這種功能。事實上，空氣是食氣者的食物。你、其他人以及動物其實都是食氣者，因為你必須透過呼吸來建構身體。

對人和動物來說，最棒的居住場所就是森林，最糟糕的地方則是沒有綠意的城市。當人們在白天工作的時候，他們需要能量。為了提供能量，身體需要燃燒體內的碳。要能有效地將碳燃燒就需要氧氣。所以，在白天你要讓自己處於充滿氧氣的地方，如此你就會有足夠的能量來進行你的工作。森林在白天，尤其在天氣晴朗的時候，會製造出大量的氧氣。

人體在夜間休息時，會進行自我再生。主要的再生功能是建

構細胞。細胞是由攝入空氣所合成的蛋白質組成。爲了提升建構細胞的效率，攝入的空氣必須含有較多的二氧化碳。森林中的植物在夜晚會產生更多的二氧化碳。這就是爲何森林是適合晚上睡覺的理想場所。

皮膚和眼睛

很明顯地，你的眼睛是具有光學敏感性的器官，但你是否知道皮膚也是如此？陽光就是太陽供給我們的食物，而我們用來攝取太陽食物的器官就是皮膚。陽光提供給我們所謂的「高頻振動食物」，而你的皮膚就是爲了適當地利用它而打造出來的。

要知道，陽光對人類生命是極其重要的。沒有陽光，人體就無法長久生存。主要是因為欠缺陽光會造成我們身體的瘦弱，也就是營養不足。皮膚是個精密的工廠，它爲人體提供消化道無法提供的的必要營養。

因此，讓全身的皮膚每天都有充分時間可以暴露在陽光下是非常重要的。如果你皮膚沒有充分曬到太陽的話，就別怪自己的免疫系統效率不彰。除此之外，缺乏陽光照射也是造成皮膚病的主要原因之一。

防曬

順道一提，請不要犯下那種在皮膚上塗抹所謂防曬產品的愚蠢錯誤。乳液和面霜大多含有毒素。無論什麼液體或氣體接觸到你的皮膚，都會在幾秒鐘內進入你的血液中。為什麼你會選擇讓化學毒素進入血液在你全身循環呢？

我建議你最好不要相信那些用防曬霜來保護皮膚可以防止皮膚癌的廣告。事實恰恰相反，很多防曬霜中含有的化學物質會促進皮膚癌的出現。而陽光照射，尤其是其中的紫外線，可以破壞皮膚癌細胞，同時也可治癒許多皮膚疾病。

當然，就像進食一樣，不要讓身體吸收過多的太陽光。不要讓你的皮膚在陽光下暴露太久，不然皮膚可能會灼傷，因而危害你的健康。

讓皮膚每天暴露在陽光之下是非常健康的做法，但需要有系統地逐漸增加曬太陽時間。如果你的皮膚比較薄的話，第一天只要曬個 10 分鐘就可以了。第二天，將全身暴露在陽光下 13 分鐘。再往下一天可以是 15 分鐘。然後，每隔一天再增加 3 到 5 分鐘。

你可以慢一點或快一點，但要非常謹慎。我建議最好慢慢增加太陽曝曬量而不要讓自己冒著任何可能被灼傷的風險。每天讓全身皮膚曬太陽一小時，應該就足以讓皮膚和免疫系統保持健康。

太陽眼鏡

給你一句警語：千萬不要戴太陽眼鏡，除非光線太強，導致你看不清楚。爲何不要戴太陽眼鏡？其實，你的身體是完美的，它的設計就是爲了讓你在自然中過日子。如果你的身體需要太陽眼鏡的話，你應該在生下來時就會配戴著它。你見過生下來就戴著太陽眼鏡的嬰兒嗎？你見過生下來就戴著太陽眼鏡的動物嗎？

你的眼睛需要陽光，就像魚兒需要水一樣。陽光對你的身體正常運作是必要而不可欠缺的。你的眼睛是爲了吸收陽光而設計的。這是因爲陽光會透過你的眼睛來控制你身體的生物規律。

當陽光落在視網膜上時，電子信號會透過視神經傳導到你的腦中。這些電子信號會影響到你腦中的松果體和腦下垂體。這有多重要？好吧，如果你對所謂人類自我靈性發展相關解剖知識有興趣的話，你大概會知道松果體是極其重要的器官。長話短說，松果體是介於物質和靈性之間的大門。沒有了松果體，你只不過是一台高級的人工智能機器。

松果體——再一次，長話短說——有時被稱爲「主腺體」，因爲它影響著身體的許多功能。可以說，這個腺體調節著你整個身體的化學反應。

當你戴上太陽眼鏡的時候，你就阻斷了身體所需的陽光食糧——這些食糧本可以透過你的眼睛來傳輸。如果你經常這樣做的話，就別指望你的身體可以處於完全健康的狀態中。你的內分泌系統將無法正常運作，你可能會因此罹患所謂的慢性病。

某些情況下還是建議你要戴上太陽眼鏡，比如說，當日照強烈時，置身於白色沙灘上或雪地上。同時，當你頂著陽光開車，看不清楚路況時，此時使用太陽眼鏡顯然是比較明智的選擇。

體能運動

早先在說明「身體工具」時，我介紹過體能練習和能量練習。體能練習的肌肉運動可以為身體提供能量，是維持身體正常運轉的必要條件。很明顯，當身體過久不動之後，它的生命就會結束。

心智

你是否還記得身體只是在你心智中的形像？這暗示著，你的身體會根據你的智能所持續關注的影像來塑造它的樣貌。你有沒有注意到一個統計學上的關聯，證明快樂的人比悲觀的人更長壽？我見過的所有耄耋老人，都是快樂的。另一方面，憤怒的人死得早，這是個統計學上的事實。據統計，悲傷會讓人經驗到更

多的疾病。

內在喜悅和視覺成像是你可以用來打造健康長壽身體的兩種心智工具。在視覺成像練習的擬真影像中，**將自己打造成一個永遠快樂健康的人**，同時要注意自己是如何向別人談論自己的。

有一個可以讓你決定自己身體要活多久的主要因素，也就是你的生命意志。你的生命意志有多大？你在生命過程中看見多少意義？你對自己的生命體驗興奮到哪種程度？你的人生有什麼目的或目標嗎？

有的人說：「我不在乎，因為我看不見活下去的任何意義。」或者「這一切都是無用的，毫無意義的，我為什麼要繼續活著。」或者「對我來說已經夠了，我已經厭倦了我的生活。」心智中存放著這一類的形象，表明了生命意志的低落，持續保持這種想法的人，會縮短自我生命。許多專注於這種意象的人，會罹患使他們接近死亡與早逝的疾病。

有了堅強的生命意志，你就可以對生活充滿著嚮往。就算生命中有悲傷，你也可以真正的享受生活。即使面對最大生命挑戰的時刻，你也絕對不可能想要去死，因為你有自己想要實現的計畫和願景。你相信自己具有尚待實現的使命和重要目標等等。這些如果你都做到了，你就會有強大的生命意志，也有高壽的機會。

工作坊教學結構

本書涵蓋我在教學工作坊、論壇和網路社群的小部分教學內容。與其他遠距教學管道相比，其實我更喜歡可以近距離相見並感受彼此的私下互動，這樣一來，我可以更有效率地與你分享資訊，你也會受益更多。

請仔細看看下方圖片，它展示了我以工作坊來分類的教學結構。

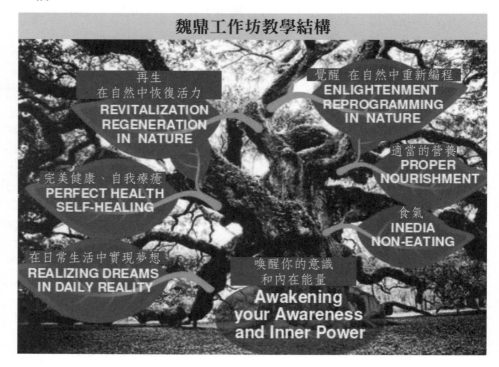

「喚醒你的意識和內在能量」工作坊是連著樹根的樹幹；也就是樹木，開始成長之處，相當於大樹的基底。這個工作坊是我教學的基礎，也是最基本的學習知識，其他所有工作坊內容都是以它為基石。實際上，本書涵蓋了這個基礎工作坊的絕大部分教學內容。

　　「在日常生活中實現夢想」工作坊會介紹心智如何利用感官接收訊息以製造出虛擬實境的相關知識。此工作坊會對於視覺成像技術進行詳細解釋，我們在列舉實際案例的同時也會進行一些演練，幫助大家瞭解如何才可以實現不同的視覺成像夢想。我還會跟大家聊聊透過視覺成像練習所經驗到的某些奇蹟案例。

　　「完美健康，自我療癒」工作坊會向大家介紹創造人體健康的基礎知識。這個課程會說明對健康有害的環境因素和人類活動，你可以從中學習到維持身心健康的工具，以及有效的自我療癒技術。

　　「再生、在自然中恢復活力」工作坊會選在特定的自然環境中進行。我們的上課地點可能是有著森林和河流的山區，也可能在海邊。這個課程包含如何適當地進行斷食，如何實際利用大自然中的療育資源，以及與自然元素溝通的方法。這個工作坊著重實際練習。透過練習助你修復身心。在短短幾天之內，人們就可

以感到自己身體重新煥發出活力。

「覺醒、在自然中重新編程」是我在厄瓜多、巴西等南美國家舉辦過的進階工作坊。我們使用先進的自然技術和叢林植物醫學來有效去除身心問題。上完適當的理論準備課程後，我們會在白天和晚上的儀式中進行南美的薩滿治療，大多數參與者都能深刻地體驗到自我內在的心靈世界，從而幫助自我擺脫長期以來的生命問題，甚至因此得以覺醒。

「適當的營養」工作坊會講授五種助人強身健體的養生方法。它詳細講述了適當營養的九大原則。你將瞭解到人類爲什麼要進食的許多原因。本工作坊也會解釋與練習強大而有效的意識飲食法。

「食氣、不食」工作坊是爲了那些追求無食物生活境界的人所設計的課程。它將使你瞭解斷食、不食或食氣之間的本質區別。瞭解什麼時候可以進行不食與食氣，以及如何可以做到不食與食氣。你可以學到幫助你實現不食或食氣的方法。

後續

　　本書就像是自我意識發展道途上的某個起點。你可以繼續你的自我學習，練習本書提及的方法，可以讓你在「生命」管理這場遊戲中走得更遠、更高。

　　除了選擇繼續自我學習下去之外，你也可以什麼練習都不做，只是被動地享受著所有事件的發生。即使你什麼都不做，也是在遊戲人生——就像讓自己待在一艘順流而下但從不搖槳的小船上一樣。

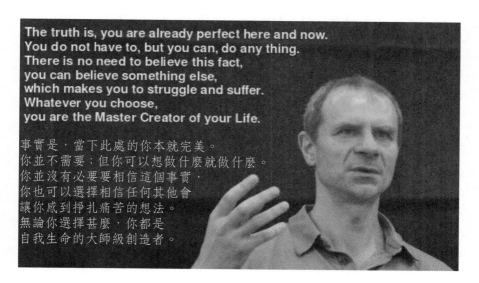

The truth is, you are already perfect here and now.
You do not have to, but you can, do any thing.
There is no need to believe this fact,
you can believe something else,
which makes you to struggle and suffer.
Whatever you choose,
you are the Master Creator of your Life.

事實是，當下此處的你本就完美。
你並不需要：但你可以想做什麼就做什麼。
你並沒有必要要相信這個事實，
你也可以選擇相信任何其他會
讓你感到掙扎痛苦的想法。
無論你選擇甚麼，你都是
自我生命的大師級創造者。

我正計畫要繼續撰寫相關書籍，也就是本書的續篇，裡面會有更多與健康和自然相關的內容。請繼續閱讀這本書的第二部：《健康與自我療癒》。

　　大師，請享受生命，我們保持聯繫。

國家圖書館出版品預行編目（CIP）資料

我是誰？發揮自我無限的內在力量 / 魏鼎著；宋偉祥譯 .
-- 第一版 . -- 臺北市 : 樂果文化事業有限公司出版 :
紅螞蟻圖書有限公司發行，2021.08
　面；　公分 . --（樂健康；25）

ISBN 978-957-9036-34-4(平裝)

1. 自我肯定 2. 自我實現 3. 靈修

177.2　　　　　　　　　　　110010633

樂健康 25

我是誰？發揮自我無限的內在力量

作　　　者	／	魏鼎
翻　　　譯	／	宋偉祥
總　編　輯	／	何南輝
行 銷 企 劃	／	黃文秀
封 面 設 計	／	引子設計
內 頁 設 計	／	沙海潛行

出　　　版	／	樂果文化事業有限公司
讀 者 服 務 專 線	／	（02）2795-3656
劃 撥 帳 號	／	50118837 號 樂果文化事業有限公司
印 刷 廠	／	卡樂彩色製版印刷有限公司
總 經 銷	／	紅螞蟻圖書有限公司
地　　　址	／	台北市內湖區舊宗路二段 121 巷 19 號（紅螞蟻資訊大樓）
電　　　話	／	（02）2795-3656
傳　　　眞	／	（02）2795-4100

2021 年 8 月第一版 定價／ 280 元 ISBN 978-957-9036-34-4
※ 本書如有缺頁、破損、裝訂錯誤，請寄回本公司調換。
版權所有，翻印必究 Printed in Taiwan.

跟著魏鼎學辟穀系列叢書

何謂辟穀：辟穀是道士用來修身的一種方法，通常在辟穀期間，不吃用火烹制的食物，只喝水和吃一些天然的食物，如桑椹，黃精等。另外，在許多其他的宗教中也存在相似的修身方法，比如藏傳佛教。英文辟穀的另一詞為breatharianism，意為「吸食空氣」。辟穀者稱作inediate或breatharian。

魏鼎看辟穀禁食
波蘭人魏鼎兩年辟穀實證

辟穀≠不吃不喝≠孤立自我≠再世神功
辟穀＝適量限食＝調節身心＝靈性提升

還在認為斷糧、斷水、斷社交就是辟穀？ 還在認為不食五穀、吸風飲露、羽化登仙就是辟穀之精髓？ 還在認為不吃不喝、淨化身體、排出毒素就是辟穀之終極目的？ …… 有多少人辟穀就有多少種對辟穀的誤讀。規避誤解，就從這本書開始。我是意識，我創生了一切。 每個人都可以辟穀，但潛能並不等同於技能。不過我們可以努力發展這個技能。

原來, 我還可以這樣活
以辟穀斷食為途徑的靈性覺醒之路

你應該知道,
你的人生還有另一種可能。

俗話說「病從口入」,經歷著工業時代的人們有更深刻的
體會,污染擴散至空氣、水、土地,食物也不可倖免。如今,
「吃」成了一種冒險,世界上有沒有能繞開它的辦法?
魏鼎,來自波蘭,一直嘗試挖掘人類的潛能,提升靈性,通
過兩年親身經歷,積累了豐富的辟穀經驗。他將這些經驗
記錄下來,與眾人分享,希望這些資訊能為人們呈現一種
新的生存形式。

喚醒人體本能自癒力:全辟穀
食氣、不食、斷食

除了食「物」,更需要食「光」與食「氣」!
食氣養生,揭開古代大師療癒之道!

作者在本書中花費了大量的篇幅讓讀者們瞭解身體的食氣
能力與心智的開發其實是並行不悖的,這也讓本書成為一本
在市場上獨樹一格,兼具心法與經驗導向的食氣專書。 讓身
體過渡到不食狀態是一個複雜的過程,這需要您躍升到較高
的靈性等級。